Educação do Espírito

Introdução à Pedagogia Espírita

Walter Oliveira Alves

INSTITUTO DE DIFUSÃO ESPÍRITA
Av. Otto Barreto, 1067 - Caixa Postal 110
Fone: (019) 541-0077 - CEP 13600-970 - Araras
Estado de São Paulo - Brasil
C.G.C. (MF) 44.220.101/0001-43
Inscrição Estadual 182.010.405.118

Capa e ilustrações:

Alexandre Luiz Rampin

3ª edição – 5º ao 8º milheiro – maio/1997

FICHA CATALOGRÁFICA

(Preparada na Editora)

Alves, Walter Oliveira, 1952 –

A48e Educação do Espírito - Introdução à Pedagogia Espírita / Walter Oliveira Alves. Araras, SP, 3ª edição, IDE, 1997.

320 p.: 124 ilustrações.

ISBN: 85-7341-170-8

1. Educação. 2. Pedagogia. 3. Espiritismo. I. Título.

CDD -370.1
-371.1
-133.9

Índices para catálogo sistemático:

1. Educação: Filosofia - Teoria - 370.1
2. Pedagogia - 371.1
3. Espiritismo - 133.9

PLANO DA OBRA

INTRODUÇÃO

Capítulo Primeiro

EDUCAÇÃO DO ESPÍRITO

Capítulo Segundo

EVOLUÇÃO DO ESPÍRITO

Capítulo Terceiro

A CRIANÇA

Capítulo Quarto

AS POTÊNCIAS DO ESPÍRITO

Capítulo Quinto

AS ETAPAS DO DESENVOLVIMENTO

Capítulo Sexto

MODELO EDUCACIONAL ESPÍRITA

Capítulo Sétimo

A PRÁTICA PEDAGÓGICA

Capítulo Oitavo

ARTE E EDUCAÇÃO

INTRODUÇÃO

A RESPOSTA DIVINA

Quando na Assembléia dos Eleitos se cogitava de perpetuar a Mensagem de Jesus, renascida no Espiritismo, junto aos homens, emoção e ansiedade tomaram os corações angélicos. Sábios da Erraticidade opinavam pela divulgação do livro imortal; místicos acostumados aos longos testemunhos da solidão e da renúncia sugeriam a caridade para atender à aflição dos milênios; santos enrijados pelo trabalho da abnegação e aureolados pelas virtudes apresentavam a disseminação da oração como ponte de ligação com os Altos Comandos da Vida; cientistas aclimados às longas pesquisas e às árduas labutas laboratoriais apontavam a necessidade de difusão do fenômeno mediúnico em linhas de segurança; os heróis da Fé optavam pela fomentação de lutas infatigáveis em que se testassem as resoluções dos crentes, como valiosos meios para as refregas contra as trevas.

Era necessário, afirmavam todos, manter aceso o ideal espírita-cristão nas horas que se desenhavam rudes para o porvir.

Constatada, entretanto, a impossibilidade de reencarnações, em massa, dos numerosos seareiros do Reino, as sugestões exigiam ponderações e estudo. Alguém, que se encontrava em silêncio, opinou que se consultassem os Céus em fervorosa prece à busca da inspiração divina.

*Enquanto os corações se fundiam num só sentimento de comunhão oracional, orvalho sidéreo, em flocos prateados, caiu sobre os prepostos do Senhor, abençoando-lhes a rogativa. Todavia, num deslumbramento de luzes, fulgurava um coração – símbolo do amor e da maternidade –, tendo ao centro o Evangelho do Mestre aberto no doce convite: "**Deixai que venham a mim os pequeninos...**"*

Narram os apontamentos espirituais que, desde então, anualmente reencarnam-se espíritos comprometidos com o programa da Evangelização espírita-cristã junto às criancinhas, a fim de disseminarem o Verbo Divino, perpetuando nas mentes e nos corações a revelação Kardequiana sob as bênçãos de Jesus-Cristo, pelos tempos a fora.

Amélia Rodrigues

(Recebida por Divaldo Pereira Franco em 28-1-1961, Salvador-Bahia, do livro *Evangelho e Educação* de Ramiro Gama, pg. 7)

Capítulo Primeiro

EDUCAÇÃO DO ESPÍRITO

1
A EDUCAÇÃO DO ESPÍRITO

No dealbar do terceiro milênio, onde os prenúncios de uma nova era se fazem sentir por toda parte, clareando os recantos obscuros do planeta, tanto na ciência, na filosofia e na religião, a educação assume caráter da mais alta importância como mola propulsora de todo o progresso humano. Não nos referimos à educação apenas no seu aspecto intelectual, mas a educação que compreende o homem no seu sentido integral, a educação que atinge o sentimento, que eleva, que aprimora, que auxilia a evolução do Espírito.

Esta educação, a verdadeira educação, a educação por excelência, é a educação que olha o homem como ser integral, como Espírito eterno, criado para a perfeição, é a EDUCAÇÃO DO ESPÍRITO.

*

Reconhecendo nosso país como a "PÁTRIA DO EVANGELHO" e sentindo a responsabilidade que nos cabe na preparação dos futuros tarefeiros que renascem e renascerão em nosso solo com imensa tarefa a serviço de Jesus, é preciso meditar mais no ato de educar ou evangelizar.

Receber o Espírito que retorna, auxiliar a sua preparação interior, auxiliar o despertar de qualidades superiores, acordar em seu íntimo os compromissos assumidos no Mundo Espiritual, abrir espaço e colaborar na ação deste Espírito para que ele encontre campo propício para a realização de sua tarefa, é trabalho de grande importância de toda casa espírita, seja um humilde Centro de apenas quatro paredes ou ampla instituição com vastas dependências.

Além da família, será na casa espírita que os Espíritos reencarnados encontrarão o ambiente adequado à sua preparação para a imensa tarefa que lhes caberá nos próximos séculos de renovação e transformação de todo o Planeta.

A criança necessita compreender que é um Espírito reencarnado, filho de Deus, que vem evoluindo milênios afora e que seu destino é a perfeição em mundos mais elevados. Necessita compreender as Leis Divinas que regem todos os seres, a Lei de Causa e Efeito que rege nossa existência e nos impulsiona a evoluir, as conseqüências morais de todos os seus atos, bem como compreender que traz compromissos assumidos na Espiritualidade e tem tarefas a cumprir em nosso Planeta.

Não podemos titubear quanto aos ensinamentos da Doutrina Espírita às nossas crianças. Não podemos mais aceitar os preconceitos e as ilusões que ainda teimam em permanecer por toda parte. Auxiliar o Espírito que renasce, com a verdade absoluta de nossa existência é tarefa prioritária.

A imensa obra esclarecedora que a Doutrina Espírita inicia em nosso Planeta, tendo como base as obras da Codificação, firmemente alicerçadas por Kardec, na França, e cujas colunas e paredes de sustentação já se erguem em terras do Brasil, através das obras que os Espíritos superiores nos enviam, pela mediunidade de trabalhadores dedicados, como Francisco Cândido Xavier, a exemplo das obras de André Luiz, Emmanuel e outros, que nos oferecem farto material de estudo para muito tempo, terá a sua continuação nos tarefeiros futuros, principalmente através da exemplificação da pura moral Evangélica, que fará renascer, a partir do solo brasileiro, para todo o mundo, o Evangelho de Jesus, como teto que acolherá a Humanidade toda em nova etapa evolutiva do Planeta.

A transformação da Humanidade é trabalho educativo, como bem frisou Kardec, em *Obras Póstumas:* "**É pela educação, mais do que pela instrução, que se transformará a Humanidade**".

Recordemos ainda o comentário da questão 917 de *O Livro dos Espíritos:* "**A educação, se bem entendida, é a chave do progresso moral. Quando se conhecer a arte de manejar os caracteres como se conhece a de manejar as inteligências, poder-se-á endireitá-los, como se endireitam as plantas jovens.**"

Inicia-se, pois, nova etapa para a própria Doutrina Espírita, que vai muito além de instruir, em sua tarefa de educar o Espírito, ou seja, de auxiliar a sua evolução integral, trabalhando com as estruturas íntimas que ele possui, levando-o a assimilar, analisar, comparar, refletir, sentir e iluminar-se, transformando-se gradual, mas integralmente, desenvolvendo harmoniosamente as faculdades que lhe são inerentes, filho de Deus que é.

Educar, pois, em seu verdadeiro sentido, é a tarefa que se destaca. Estando todo esse trabalho alicerçado na moral Evangélica, conforme observamos em Kardec: ("(...) são os verdadeiros espíritas, ou melhor, os espíritas cristãos." – "A bandeira que levantamos bem alto é a do Espiritismo cristão e humanitário, (...)"

– *O Livro dos Médiuns,* q. 28 e 350), a Educação Espírita, educação em seu verdadeiro e profundo significado, que não se assemelha àquela que as Escolas atuais oferecem, mas essa educação que transforma, regenera, equilibra e conduz ao desenvolvimento integral do Espírito, é tarefa de educação com Jesus.

Evangelizar, em seu profundo sentido de Educação do Espírito, será tarefa das mais importantes na casa espírita. Avancemos, pois, amigos, cientes e conscientes da grandiosa tarefa que nos cabe realizar. A casa espírita, como um todo, necessita preparar-se para o grandioso compromisso que lhe cabe: a imensa tarefa de educar os Espíritos que renascem entre nós. Para isso é preciso reconhecer que também somos Espíritos necessitados de nos educarmos, de sintonizarmo-nos com o Cristo para que o sentimento cristão vibre em nossos corações e possamos assumir a postura de espírita evangelizado.

Assim, amigos educadores e evangelizadores, **estudemos** a Doutrina Espírita, mas na posição de estudante que muito necessita aprender, despojando-nos de nossos velhos defeitos que tanto têm retardado nosso progresso espiritual e trabalhemos em nossa própria evangelização para que possamos evangelizar os Espíritos que o Senhor nos envia. Somente realizaremos essa tarefa se educarmos a nós mesmos e aprendermos a vivenciar o Evangelho.

Habilitemo-nos na tarefa de **educar o Espírito**, compreendendo os mecanismos da aprendizagem e da evolução para que possamos nos tornar trabalhadores dedicados do Cristo, na renovação do Planeta, que se inicia pela renovação de cada Espírito.

2
INTRODUÇÃO AO ESTUDO DA PEDAGOGIA À LUZ DA DOUTRINA

Sem nos atermos em demasia ao aspecto histórico da educação, nem em detalhes que não nos importam no momento, nossa principal atenção será quanto aos processos de aprendizagem e desenvolvimento, portanto, à evolução do Espírito, em suas romagens reencarnatórias, rumo a estágios mais elevados.

Não podemos contudo, prescindir de uma visão geral, pelo menos após a Idade Média, dos principais pensadores e educadores que nos auxiliarão a compreender a imensa luz que os conhecimentos Espíritas projetam sobre a pedagogia, fazendo-nos antever uma nova educação, uma pedagogia embasada nos conhecimentos profundos do Espírito eterno, filho de Deus que somos todos nós.

*

"O século XVIII iniciou-se entre lutas igualmente renovadoras, mas elevados Espíritos da Filosofia e da Ciência, reencarnados particularmente na França, iam combater os erros da sociedade e da política, fazendo soçobrar os princípios do direito divino, em nome do qual se cometiam todas as barbaridades. Vamos encontrar nessa plêiade de reformadores os vultos veneráveis de Voltaire, Montesquieu, Rousseau, D'Alembert, Diderot, Quesnay. Suas lições generosas repercutem na América do Norte, como em todo o mundo. Entre cintilações do sentimento e do gênio, foram eles os instrumentos ativos do mundo espiritual, para regeneração das coletividades terrestres." (*A Caminho da Luz* – Emmanuel – F.C.Xavier – cap. XXI)

Jean-Jacques Rousseau
Filósofo suíço
1712 - 1778

Rousseau foi o marco inicial de uma reforma na educação no ocidente, denunciando uma falsa "educação" praticada na época, principalmente na França, propondo, em sua obra *Emílio,* uma nova educação,baseada no desenvolvimento natural da criança, antevendo o surgimento da psicologia infantil.

Pestalozzi, em sua visão avançada, percebe o Espírito, filho de Deus, que possui em germe um grande potencial interior, definindo educação como o **"desenvolvimento harmonioso e progressivo de todas as faculdades do ser".**

Define três estados ou etapas morais do homem, demonstrando a evolução do estado primitivo ao estado social e, deste, ao estado moral.

De Herbart e Froebel ao movimento da escola nova, muitas luzes brilharam procurando destacar a importância da atividade no processo de aprendizagem que passa a ser vista como uma conquista que requer atividade e energia do educando.

Johann Heinrich Pestalozzi
Educador suíço
1746 - 1827

Lamarck e Darwin com a teoria da evolução, demonstraram a continuidade evolutiva entre os animais e o homem, abrindo caminho aos princípios evolucionistas que a Doutrina Espírita nos apresenta hoje e que nos auxiliará a compreender os processos de desenvolvimento e aprendizagem.

Decroly em sua fabulosa Escola da Ermida (*l'Ermitage*), procura preparar a criança para a vida, levando-a a observar, diariamente, os fenômenos da natureza e as manifestações de todos os seres vivos, em trabalho espontâneo e criador.

Friedrich Froebel
Criador dos Jardins de Infância
1782 - 1852

Foi o criador de um método globalizante, ou "Centro de Interesse", criando um laço entre as disciplinas normais da escola, fazendo-as convergir ou divergir para um mesmo centro, tendo-se em conta o interesse da criança, que segundo ele é a alavanca de tudo.

Dewey destaca a educação como permanente organização ou

reconstrução da experiência, sendo, portanto, um processo ativo, onde o aluno deve ter uma meta a atingir. Baseado em suas idéias, Kilpatrich criou o "Método de Projetos", onde o aluno, impulsionado pelos próprios ideais, buscará atingir a sua meta, integrando ou globalizando o ensino.

Rudolf Steiner, criador da Pedagogia Waldorf, destaca a importância de se trabalhar a vida sentimental da criança, apelando para sua fantasia criadora, aumentando essas forças com imagens que as fecundem e elevem. A criança não pode pensar nem aprender sem que esteja engajada emocionalmente. A Pedagogia Waldorf é a única ciência pedagógica do ocidente que percebe a criança como um Espírito reencarnado.

Rudolf Steiner
Criador da Pedagogia Waldof
e da Antroposofia
1861 - 1925

Claparède, ao criar o Instituto Jean-Jacques Rousseau, em Genebra, trabalhando na psicologia e na pedagogia, destacou que a escola deve ser **ativa**, antes um laboratório do que um auditório, procurando estimular ao máximo a atividade da criança. A escola é um meio alegre, onde a criança passa a amar o trabalho.

Édouard Claparède
Psicólogo e pedagogo suíço
1873 - 1940

O professor passa a ser o estimulador de interesses, despertador de necessidades intelectuais e morais, não se limitando a transferir seus conhecimentos aos alunos, mas ajudando-os a adquiri-los por si mesmo, através do trabalho, de pesquisas, da ação. Ao mesmo tempo, abre caminho para as pesquisas de Piaget.

Célestin Freinet
Professor francês
1896 - 1966

Freinet, na pequena aldeia de Bar-sur-Loup, na França, promoveu uma escola ativa e cheia de vida, introduzindo a aula-passeio, o jornal escolar, a imprensa na escola, o texto livre, onde as crianças escolhiam, por votação, o que ia ser impresso e elas mesmas faziam a correção. A correspondência interescolar alarga o universo infantil, motivando o relacionamento humano, e a Cooperativa de Ensino Leigo, criado por Freinet e seus colaboradores, forneceria material pedagógico e publicações para milhares de associados em diversas partes do Mundo.

Jean Piaget
Graduado em Ciências Naturais, dedicou-se à psicologia e à filosofia
1896 - 1980

Jean Piaget, em uma vida toda dedicada ao estudo da criança, demonstra através de um trabalho sério e profundo que todo conhecimento é construído através de um processo contínuo de adaptação, transformando nossas estruturas anteriores em estruturas mais aperfeiçoadas. Demonstra ainda a existência da moral heterônoma e da moral autônoma, afirmando a necessidade do respeito mútuo, do afeto e da cooperação para que o educando possa chegar à autonomia moral.

Lev Semenovich Vygotsky
Pensador russo, com destaque na psicologia
1896 - 1934

Vygotsky, trabalhando a teoria da zona do desenvolvimento proximal, demonstra a importância da integração social e do trabalho cooperativo entre as crianças.

Wallon apresenta uma atrativa proposta de psicologia integradora, com ênfase nos processos emocionais e afetivos. Propondo uma teoria da emoção junto ao funcionamento da inteligência, afirma que a infância é a fase emocional por excelência.

Dos reflexos condicionados de Pavlov, do Behaviorismo de Watson, que destacam o condicionamento do comportamento através de estímulo e resposta, à psicologia da Gestalt, com Max Wertheimer, Kohler e Koffka, que afirmam que a percepção depende também das circunstâncias psicológicas do indivíduo, ou seja, a percepção é o resultado da interação entre o indivíduo receptor e o ambiente emissor e, portanto, duas pessoas submetidas aos estímulos de um mesmo ambiente físico, podem adotar comportamentos totalmente diversos. Destacando que a aprendizagem é o desenvolvimento de ***insights*** (discernimento, compreensão, penetração no entendimento de um assunto), afirmam que o ***insight*** é uma conquista de quem aprende e não pode ser, simplesmente, transferida de uma pessoa para outra, mas o professor pode auxiliar o aluno a desenvolver o seu ***insight***.

Enfim, de Skinner, que propôs um controle do comportamento previsível e controlado, fazendo restrições ao livre-arbítrio e à vontade interior, até Rogers que contrapondo-se firmemente a Skinner, afirma que a ciência do comportamento deve libertar e não controlar, destacando a importância da vontade e propondo uma educação de natureza dinâmica, onde os indivíduos devem ser estimulados para que desenvolvam as suas próprias potencialidades, num clima de liberdade, auto-realização e consciência social.

Neste clima de incertezas, luzes e sombras, a Doutrina Espírita vem espalhar sua luz brilhantíssima, demonstrando a colaboração de cada um dos estudiosos do passado, sanando dúvidas e abrindo caminhos para os estudos do futuro. Da psicologia evolutiva, do comportamento biológico dos seres, chegamos ao Espírito eterno, podendo agora compreender com real facilidade os conceitos de desenvolvimento e aprendizagem, tão importantes à evolução do Espírito. Com o advento da Doutrina Espírita, a obra está coroada com a visão da criança – Espírito que retorna à nova experiência e que traz em si mesmo sua bagagem do passado, ou seja, estruturas internas desenvolvidas em vidas passadas, reagindo com as experiências novas desta vida, ampliando as possibilidades para o futuro.

Os mecanismos da aprendizagem se mostram lúcidos e claros aos olhos dos estudiosos espíritas que militam na área da educação, quer como professores, pais ou evangelizadores. Abre-se, pois, imenso campo para uma nova pedagogia embasada no ser espiritual que somos todos nós.

A Doutrina Espírita vem inaugurar nova fase na história da educação, bem como restaurar o Evangelho de Jesus como base fundamental do processo evolutivo do Espírito.

O prognóstico dos Espíritos, na questão 917 de *O Livro dos Espíritos* (*A educação, se bem entendida, é a chave do progresso moral. Quando se conhecer a arte de manejar os caracteres...*) se realizará sem dúvida, pois a própria Doutrina Espírita nos vem oferecer os meios de *"conhecer a arte de manejar os caracteres"*.

A Doutrina Espírita representa, pois, o último elo da corrente, por apresentar as chaves para a maioria das dúvidas existentes, propiciando uma compreensão clara e lúcida sobre a educação do Espírito.

Capítulo Segundo

EVOLUÇÃO DO ESPÍRITO

1

A EVOLUÇÃO DO ESPÍRITO

Entendemos por educação o **desenvolvimento das potencialidades** do Espírito eterno. Não podemos, pois, prescindir de analisar a EVOLUÇÃO, tanto em seu aspecto espiritual como material, para chegarmos a uma compreensão real do **desenvolvimento** e do processo de **aprendizagem**, uma vez que o corpo físico é o órgão de manifestação do Espírito e instrumento de sua interação com o meio.

*

Todos nós, crianças, jovens ou adultos, somos Espíritos em evolução, que renascemos na Terra com o objetivo de evoluir, desenvolver nosso potencial interior, corrigir erros do passado, superar defeitos e pouco a pouco, vibrar em sintonia com as Leis Universais.

Nenhum processo educativo pode ignorar que somos Espíritos imortais, criados por Deus, nascendo,vivendo, morrendo, para renascer e evoluir sempre.

Necessitamos, pois, saber como ocorre essa evolução e como podemos auxiliar o Espírito a evoluir, partindo do estágio evolutivo em que se encontra no momento.

Algumas perguntas se despontam em nossa mente:

Como o Espírito evolui? Quais as características do processo evolutivo? Como o Espírito aprende? Quais as características do Espírito em sua nova encarnação? As fases por que passa? O que ele necessita no atual estágio para continuar seu processo evolutivo? Como auxiliar o Espírito a evoluir, a aprender, a desenvolver suas qualidades intrínsecas, seu potencial interior? Que meios dispomos para auxiliá-lo?Tentaremos responder a estas e outras perguntas, procurando dentro da Doutrina Espírita e da pedagogia em geral as respostas que necessitamos.

*

A criança de hoje é o Espírito eterno, filho de Deus, que venceu inúmeras etapas evolutivas através dos milênios afora. O princípio espiritual, desde o momento da criação, "caminha sem detença para frente". Embora contando sempre com o apoio das inteligências superiores que oferecem os estímulos necessários à marcha evolutiva e contando sempre com a assistência amorável dos benfeitores espirituais, cada Espírito evolui através do esforço próprio, com o trabalho de si mesmo.

Recordemos as explicações do Espírito Calderaro a André Luiz em *No Mundo Maior*:

"Somos filhos de Deus e herdeiros dos séculos, conquistando valores, de experiência em experiência, de milênio a milênio.(...) A crisálida de consciência, que reside no cristal a rolar na corrente do rio, aí se acha em processo liberatório; as árvores que por vezes se aprumam centenas de anos, a suportar os golpes do Inverno e acalentadas pelas carícias da Primavera, estão conquistando a memória; a fêmea do tigre, lambendo os filhinhos recém-natos, aprende rudimentos do amor; o símio, guinchando, organiza a faculdade da palavra." (*No Mundo Maior* – cap. 3)

"Quero dizer, André, que o princípio espiritual, desde o obscuro momento da criação, caminha sem detença para frente. Afastou-se do leito oceânico, atingiu a superfície das águas protetoras, moveu-se em direção à lama das margens, debateu-se no charco, chegou à terra firme, experimentou na floresta copioso material de formas representativas, ergueu-se do solo, contemplou os céus e, depois de longos milênios, durante os quais aprendeu a procriar, alimentar-se, escolher, lembrar e sentir, conquistou a inteligência... Viajou do simples impulso para a irritabilidade, da irritabilidade para a sensação, da sensação para o instinto, do instinto para a razão. Nessa penosa romagem, inúmeros milênios decorreram sobre nós. Estamos, em todas as épocas, abandonando esferas inferiores,a fim de escalar as superiores." (*No Mundo Maior* – Cap. 4)

Em *Evolução em Dois Mundos* (1ºP., Cap. IV), André Luiz esclarece:

"(...) reconhecemos sem dificuldade que a marcha do princípio inteligente para o reino humano e que a viagem da consciência humana para o reino angélico simbolizam a expansão multimilenar da criatura de Deus que, por força da Lei Divina, deve merecer, com o trabalho de si mesma, a auréola da imortalidade em pleno Céu."

Compreendemos, pois, que o Espírito evolui através do esforço próprio, com o trabalho de si mesmo. O mecanismo da evolução é ação, atividade, trabalho.Tudo no universo é ação, dinamismo, movimento.

Não podemos ignorar que somos Espíritos em evolução, e que evoluimos pela atividade, pelo esforço próprio, pela ação e pelo trabalho e não ouvindo passivamente aulas teóricas.

Criado "simples e ignorante" o princípio espiritual, após os filtros de transformação nos reinos mineral e vegetal (*Evolução em Dois Mundos* – cap. VI – Filtros de Transformismo) é impulsionado "para frente e para cima" pelas necessidades naturais, no reino animal, em luta constante pela sobrevivência e perpetuação da espécie.

Na humanidade, o Espírito se vê em meio à vasta rede de estímulos, mobilizando sua vontade, levando-o a agir, aprender e evoluir.

"A mente é a orientadora desse universo microscópico, em que bilhões de corpúsculos e energias multiformes se consagram a seu serviço. Dela emanam as correntes da vontade, determinando vasta rede de estímulos, reagindo ante as exigências da paisagem externa, ou atendendo às sugestões das zonas interiores. Colocada entre o objetivo e o subjetivo, é obrigada pela Divina Lei a aprender, verificar, escolher, repelir, aceitar, recolher, guardar, enriquecer-se, iluminar-se, progredir sempre." (*No Mundo Maior* – cap. 4)

O Espírito evolui pois, pelo esforço próprio, interagindo com o meio, através de experiências múltiplas. Não se trata, contudo, de experiências meramente acumulativas como veremos a seguir, mas de transformações graduais das estruturas íntimas e conseqüente mudança interior, criando estruturas novas em níveis cada vez mais elevados, na medida em que o Espírito interage com o meio, física e espiritualmente falando.

2

CORPO ESPIRITUAL E EVOLUÇÃO

Embora a ciência humana apenas consiga observar a evolução do ponto de vista biológico, acreditando que o patrimônio evolutivo da humanidade apenas se conserva pela transmissão de pai para filho através dos cromossomos das células germinativas, a Doutrina Espírita nos esclarece que todas as aquisições do Espírito são patrimônio indelével do próprio Espírito imortal, que jamais se perde e se aperfeiçoa sempre. Após o desencarne ou a morte do corpo físico, será o corpo espiritual o veículo de manifestação do Espírito em outra faixa vibratória, no Mundo Espiritual, onde continuará sua marcha ascensionária.

"Do ponto de vista da constituição e função em que se caracteriza na esfera imediata ao trabalho do homem, após a morte, é o **corpo espiritual** o veículo físico por excelência, com sua estrutura eletromagnética, algo modificado no que tange aos fenômenos genésicos e nutritivos, de acordo, porém, com as aquisições da mente que o maneja.

Todas as alterações que apresenta, depois do estágio berço-túmulo, verificam-se na base da conduta espiritual da criatura que se despede do arcabouço terrestre para continuar a jornada evolutiva nos domínios da experiência.

Claro está, portanto, que é ele santuário vivo em que a consciência imortal prossegue em manifestação incessante, além do sepulcro, formação sutil, urdida em recursos dinâmicos, extremamente porosa e plástica, em cuja tessitura as células, noutra faixa vibratória, à face do sistema de permuta visceralmente renovado, se distribuem mais ou menos à feição das partículas colóides, com a respectiva carga elétrica, comportando-se no espaço segundo a sua condição específica, e apresentando estados morfológicos conforme o campo mental a que se ajusta." (*Evolução em Dois Mundos* –1a.P.– Cap. II)

*

Em *Obras Póstumas* encontramos:

"10. (...) O perispírito é o intermediário entre o Espírito e o corpo; é o órgão de transmissão de todas as sensações. Para aquelas que vêm do exterior, pode-se dizer que o corpo recebe a impressão; o perispírito a transmite, e o Espírito, o ser sensível e inteligente, a recebe; quando o ato parte da iniciativa do Espírito, pode-se dizer que o Espírito quer, que o perispírito transmite, e o corpo executa.

11. O perispírito, de nenhum modo, está encerrado nos limites do corpo, como numa caixa; pela sua natureza fluídica, ele é expansível; irradia ao redor e forma, em torno do corpo, uma atmosfera que o pensamento e a força de vontade podem estender mais ou menos; de onde se segue que as pessoas que, de ne-

nhum modo, não estão em contato corporal, podem estar pelo seu perispírito e se transmitir impressões, com o seu desconhecimento, algumas vezes mesmo a intuição de seus pensamentos.

12. Sendo o perispírito um dos elementos constitutivos do homem, desempenha um papel importante em todos os fenômenos psicológicos e, até um certo ponto, nos fenômenos fisiológicos e patológicos.(...)"

(Allan Kardec - Manifestações dos Espíritos - IDE - p.42.)

Compreendemos, pois, que o Espírito conserva, após a morte do corpo físico, todas as aquisições adquiridas durante sua encarnação, tanto espiritual quanto física, manifestando-se no Mundo Espiritual através de seu corpo espiritual ou perispírito e, ao renascer em novo corpo físico não perderá o patrimônio adquirido.

Com essas idéias, poderemos rever a teoria da Evolução, alcançando novos horizontes no campo da pedagogia.

3

A TEORIA DA EVOLUÇÃO E A DOUTRINA ESPÍRITA

Jean Baptiste de Lamarck
Naturalista francês
1744 - 1829

Embora, à primeira vista, a teoria da evolução não pareça importante para nós, uma nova postura da fisiologia, firmemente alicerçada em bases seguras, definirá novos rumos à psicologia evolutiva e, portanto, à psicologia do desenvolvimento e conseqüentemente à pedagogia, que é nosso objetivo final.

Lamarck foi um dos primeiros a propor a teoria da evolução, afirmando que existiam duas forças evolucionárias.

A primeira: uma "tendência à progressão" pelo qual os seres vivos se tornam mais complexos. A segunda: a necessidade dos organismos de se adaptar ao ambiente local, o que resultaria em mudanças físicas.

Charles Darwin
Naturalista inglês
1809 - 1882

Darwin é conhecido, principalmente, pelo livro *A Origem das Espécies*, onde apresenta uma imensa quantidade de provas a favor da evolução. Formulou em 1838 a sua teoria sobre a seleção natural das espécies, onde os mais aptos a viver em determinado meio sobrevivem.

Darwin observou que existe uma variação entre indivíduos de uma espécie: alguns têm pernas ligeiramente maiores, outros são mais robustos, outros tem uma pelagem mais espessa, etc.

Na luta pela sobrevivência, essas pequenas diferenças podem ser decisivas. O animal de pernas mais longas poderá correr mais e por isso escapar dos predadores. O de pelagem mais espessa sobreviverá ao inverno rigoroso. Apenas os que sobrevivem deixam filhotes garantindo a continuação da espécie. Os menos aptos se extinguem. Se as características como pernas maiores e pelagem mais espessa são passadas a um dos descendentes, mais animais terão essas vantagens nas gerações futuras. Depois de muitas gerações as pequenas mudanças resultam em grandes diferenças. Esse processo produz a adaptação.

As plantas e os animais são adaptados ao meio onde vivem. Essas adaptações seriam uma conseqüência da seleção natural.

Sobre a formação de novas espécies, Darwin pouco escreveu. Em geral, uma nova espécie surge quando alguns elementos se diferenciam do resto do seu tipo. Por exemplo, quando as aves se afastam do seu curso e chegam a ilhas distantes ou cruzam uma cadeia de montanhas, vivendo sob novas condições, isoladas das demais, podem se desenvolver em uma direção diferente originando uma nova linhagem ou subespécie, e podem, com o tempo, ficarem tão diferentes do resto da espécie que seu entrecruzamento se torna inviável.

*

Depois das pesquisas de Mendel (1822-1884), que descobriu que a hereditariedade ocorre através da combinação de pequenas unidades, os genes, estudiosos da década de 1920, descobriram que estes se situam nos cromossomos e são formados pelo ADN (ácido desoxirribonucléico), que se divide em cópias perfeitas, transmitindo fielmente as informações genéticas.

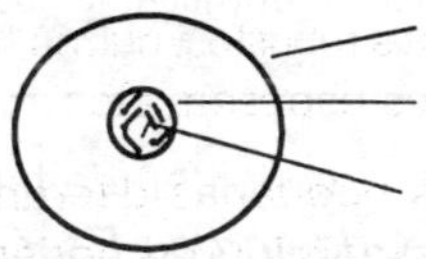

No entanto, a biologia moderna chegou à conclusão que a informação genética flui em uma única direção: do ADN para fora, concluindo que os caracteres adquiridos não são hereditários, o que equivale a dizer que as mudanças ocorridas com o indivíduo durante sua vida, por influência do meio, não são transmitidas aos seus descentes através dos genes. Em linguagem biológica, diríamos que o fenótipo não altera o genótipo.

Genótipo: informações genéticas contidas nos cromossomos do indivíduo.	**Fenótipo**: resultado da interação do indivíduo com o meio ambiente. O organismo como o vemos, com as mudanças ocorridas pela interação com o meio.

O fenótipo não altera o genótipo.

Lamarck:	"Tendência à progressão"– seres vivos se tornam mais complexos. Necessidade de se adaptar - mudanças físicas. Mudança no fenótipo - mudança no genótipo herdado pelos descendentes.
Darwin:	Seleção Natural – Uso ou desuso: Mudança no fenótipo – mudança no genótipo herdado pelos descendentes.
Weismann:	Genótipo não é afetado por mudanças no fenótipo – Mudanças espontâneas e ocasionais no gene, durante a reprodução – o descendente tem o genótipo mudado.

Fonte: Introdução de Richard Leakey ao livro *A Origem das Espécies* de Darwin atribui o uso ou desuso a Darwin, embora alguns livros liguem tal teoria ao Lamarckismo.

A teoria de Lamarck, daí em diante, é considerada falha. Richard E. Leakey, na introdução de *A Origem das Espécies* de Darwin (Ed. Universidade de Brasília / Melhoramentos -1982) chega a afirmar: "... os caracteres adquiridos não são hereditários, pois não há um caminho pelo qual a informação de um tipo determinado possa alcançar as moléculas de ADN e mudar suas estruturas. Pode-se dizer com certeza que o Lamarckismo – como o definimos acima – está morto, e jamais ressuscitará." (pg. 28)

Quando os cromossomos dobram-se sobre si mesmos, durante a divisão celular, cada molécula de ADN "abre-se", de modo que duas novas moléculas são formadas, idênticas à original. Assim, os genes são passados às sucessivas gerações.

A biologia atual, a partir de Weismann, afirma que ocasionalmente ocorre um "erro"durante a divisão do ADN, alterando determinada característica genética. Desses erros ocorrem as chamadas "mutações aleatórias". Desta forma, a ciência atual explica a transformação das espécies e o aparecimento de novas espécies. A própria raça humana também teria surgido de uma mutação aleatória, um "erro" de divisão na molécula do ADN!!! Mesmo sem contar com a chave da reencarnação, que tudo esclarece, como veremos a seguir, a própria razão repugna um "erro" de divisão molecular, não aceitando uma mutação aleatória, ao acaso, para explicar, não só as mudanças nas espécies, a formação de espécies novas, como também toda a evolução biológica dos seres.

De que forma um "erro", ao acaso, poderia conduzir ao progresso, à melhoria, ao aperfeiçoamento? Houvesse algo de aleatório em tais mutações e teríamos ao lado dos benefícios, aberrações tão variadas que nem a seleção das espécies, pela sobrevivência dos mais aptos explicaria.

Quem, ao "olhar" a história do homem primitivo até os nossos dias não "vê" o progresso físico, moral e intelectual? Mudanças aleatórias poderiam causar tal progresso, impulsionando todos os seres cada vez mais para frente e para cima, num caminhar progressivo que "salta aos olhos" do observador atento?

A Doutrina Espírita nos apresenta o caminho que os cientistas não puderam ver por faltar-lhes a chave da reencarnação.

O Espírito evolui pelo esforço de si mesmo, conforme vimos no item 1 deste capítulo. E o esforço de cada Espírito jamais se perde. Permanece como patrimônio indelével dele mesmo. Embora não transmitindo as mudanças físicas aos seus descendentes, diretamente pelos genes, leva consigo, ao desencarnar, todo o seu patrimônio Espiritual. Todas as conquistas permanecem em nível espiritual, desde a crisálida da consciência dos reinos inferiores até o Espírito propriamente dito, na escala humana, que prossegue a caminho da perfeição. No Mundo Espiritual continuará sua escalada evolutiva sob a assistência dos benfeitores espirituais. A evolução ocorre em dois planos.

Ao renascer, plasmará no novo corpo tais conquistas, através do perispírito, que oferece moldes cada vez mais aperfeiçoados, como veremos nas transcrições de André Luiz, citadas à frente. Citaremos, contudo, apenas o necessário, encaminhando o leitor interessado às fontes de origem.

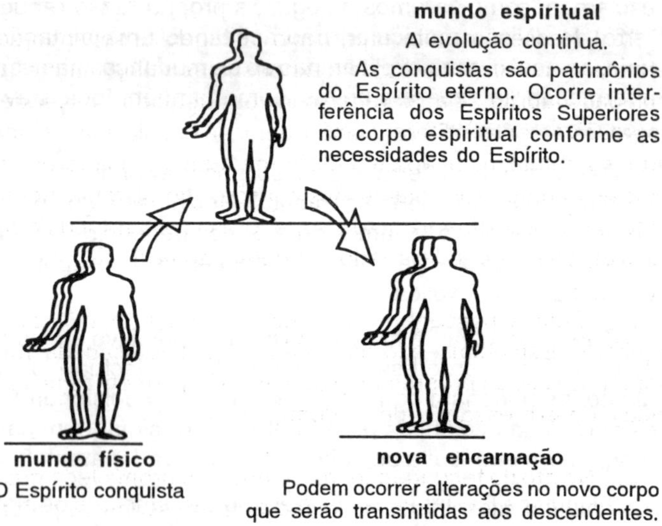

"DESCENDÊNCIA E SELEÇÃO – É justo lembrar, no entanto, que os trabalhos gradativos da descendência e da seleção, que encontrariam em Lamarck e Darwin expositores dos mais valiosos, operavam-se em dois planos.

As crisálidas de consciência dos reinos inferiores, mergulhadas em campo vibratório diferente pelo fenômeno da morte, justapunham-se às células renascentes que continuavam a servi-las, colhendo elementos de transmutação para a volta à esfera física, pela reencarnação compulsória, sob a orientação das Inteligências Sublimes que nos sustentam a romagem, circunstância que nos compete a considerar que o transformismo das espécies, como também a constituição de espécies novas, em se ajustando a funções fisiológicas, expansão e herança, baseiam-se no mecanismo e na química do núcleo e do citoplasma, em que as energias fisiopsicossomáticas se reúnem." (*Evolução em Dois Mundos* – André Luiz – cap. VI)

"(...) Nesse domínio, o princípio inteligente, servindo-se da herança, e por intermédio das experiências infinitamente recapituladas, habilita-se à diferenciação nos flagelados, ascendendo progressivamente à diferenciação maior na escala animal, onde o corpo espiritual, à feição de protoforma humana, já oferece moldes mais complexos, diante das reações do sistema nervoso, eleito para sede dos instintos superiores, com a faculdade de arquivar reflexos condicionados." (Idem, cap. VII)

"(...) Com a passagem do tempo, e sob a inspiração dos Arquitetos Espirituais que lhe orientam a evolução da forma, avança na rota do progresso, plasmando implementos novos no veículo de expressão." (Idem, idem)

"(...) No ato da fecundação, reúnem-se os pronúcleos masculino e feminino, mesclando as unidades cromossômicas paternas e maternas, a fim de que o organismo, obedecendo à repetição da lei da hereditariedade, se desenvolva, dentro dos caracteres genéticos de que descende; mas agora, no reino humano, o Espírito, entregue ao comando da própria vontade, determina com a simples presença ou influência, no campo materno, os mais complexos fenômenos endomitóticos no interior do ovo, edificando as bases de seu próprio destino, no estágio da existência cujo início o berço assinala." (Idem, idem)

No texto transcrito a seguir, pedimos a atenção dos leitores interessados, para a forma com que André Luiz nos coloca o avanço progressivo do Espírito nos dois mundos, material e espiritual.

"INTELIGÊNCIA ARTESANAL – O plano físico é o berço da evolução que o plano extrafísico aprimora. O primeiro insufla o sopro da vida, cujas edificações o segundo aperfeiçoa. A reencarnação multiplica as experiências, somando-as, pouco a pouco. A desencarnação subtrai-lhes lentamente as parcelas inúteis ao progresso do Espírito e divide os remanescentes, definindo os resultados com que o Espírito se encontra enobrecido ou endividado perante a Lei. Consolidada a incessante eclosão do fluido mental entre as duas esferas, começa para o homem novo ciclo de cultura. Em verdade, a mente da era paleolítica mostra-se, ainda, limitada, nascitura, mas não tanto que não possa absorver, embora em baixa dosagem, as idéias renovadoras que lhes são sugeridas no Plano Superior. Em razão disso, pela reflexão possível, aparece entre os homens, mal saídos da selva, a inteligência artesanal, instalando no mundo a indústria elementar do utensílio. Por ela, o habitante do império verde encontra meios de efetuar com mais segurança velhos atos instintivos, utilizando o varapau para alongar o braço na colheita dos frutos dificilmente acessíveis, fabricando anzóis e arpões que lhe substituam os dedos na profundeza das águas, burilando o sílex que lhe veicule a energia dos punhos e plasmando a roda que lhe poupe, de alguma sorte, o sacrifício dos pés." (*Evolução em Dois Mundos* – cap. XIII)

André Luiz nos revela a maneira como o plano extra-físico influencia, constantemente, o progresso dos seres encarnados. A Terra se nos parece uma grande escola evolutiva, sob a atuação e supervisão constante das inteligências superiores. Mostra também, no texto a seguir, a importância do fator educacional e como a mente do homem pode traçar profundas renovações no corpo espiritual que se refletirá no corpo físico.

"PLASMA CRIADOR DA MENTE – É pelo fluido mental com qualidades magnéticas de indução que o progresso se faz notavelmente acelerado. Pela troca dos pensamentos de cultura e beleza, em dinâmica expansão, os grandes princípios da Religião e da

Ciência, da Virtude e da Educação, da Indústria e da Arte descem das esferas Sublimes e impressionam a mente do homem, traçando-lhe profunda renovação ao corpo espiritual, a refletir-se no veículo físico que, gradativamente, se acomoda a novos hábitos.

Épocas imensas despendera o princípio inteligente para edificar os prodígios da sensação e do automatismo, do instinto e da inteligência rudimentar; entretanto, com a difusão do plasma criador oriundo da mente, em circuitos contínuos, consolida-se a reflexão avançada entre o Céu e a Terra, e os fluidos mentais ou pensamentos atuantes, no reino da alma, imprimem radicais transformações no veículo fisiopsicossomático, associando e desassociando civilizações numerosas para construí-las de novo, em que o homem, herdeiro da animalidade instintiva, continua, até hoje, no trabalho progressivo de sua própria elevação aos verdadeiros atributos da Humanidade." (Idem, Idem)

OUTRAS INFLUÊNCIAS NA FORMAÇÃO DO NOVO CORPO

Compreendemos, também, que além da herança paterna, e do molde perispiritual preexistente, muitos outros fatores interferem na nova constituição física do Espírito reencarnante.

André Luiz, no que se refere à reencarnação de Segismundo, no livro *Missionários da Luz* pergunta ao instrutor Alexandre:

"– Nosso irmão reencarnante apresentar-se-á, mais tarde, entre os homens, tal qual vivia entre nós? Já que as suas instruções se baseiam na forma perispiritual preexistente, terá ele a mesma altura, bem como as mesmas expressões que o caracterizavam em nossa esfera?

"Alexandre respondeu sem titubear: – Raciocine devagar, André! Falamos da forma preexistente, nela significando o modelo de configuração típica ou, mais propriamente, o "uniforme humano". Os contornos e minúcias anatômicas vão desenvolver-se de acordo com os princípios de equilíbrio e com a lei da hereditariedade. A forma física futura de nosso amigo Segismundo dependerá dos cromossomos paternos e maternos; adicione, porém, a esse fator primordial, a influência dos moldes mentais de Raquel (a mãe), a atuação do próprio interessado, o concurso dos Espíritos Construtores, que agirão como funcionários da natureza divina, invisíveis ao olhar terrestre, o auxílio afetuoso das entidades amigas que visitarão constantemente o reencarnante, nos meses de formação do novo corpo, e poderá fazer uma idéia do que vem a ser o templo físico que ele possuirá, por algum tempo, como dádiva da Superior Autoridade de Deus, a fim de que se valha da bendita oportunidade de redenção do passado e iluminação para o futuro, no tempo e no espaço." (*Missionários da Luz* – cap. 13)

Percebemos, pois, que embora em outros termos e sem contar com a visão espiritual, Lamarck e Darwin apresentaram descobertas imensas para a humanidade. Com a Doutrina Espírita e o conceito da reencarnação, muitos pontos obscuros podem ser explicados.

Percebemos também que, embora a "certeza" de Richard E. Leakey, já citado neste capítulo, o Lamarckismo não pode ser considerado morto. A teoria de Lamarck, principalmente no que se refere à "tendência à progressão" e à necessidade dos organismos de se adaptarem ao ambiente precisam ser revistas.

O caminho que Leakey disse não existir é aquele percorrido pelo Espírito desencarnado que, guardando consigo os caracteres adquiridos numa existência, continua sua evolução no Plano Espiritual sob a inspiração e orientação dos Espíritos Superiores, plasmando em novo corpo, nas futuras existências físicas, o progresso alcançado, bem como as mudanças ocorridas no perispírito, seja pelo esforço adaptativo, seja pela interferência das Inteligências Superiores.

Não ocorre um erro na divisão do ADN, nem existem mutações aleatórias. Deus não comete erros e o acaso não existe. Tudo está dentro das Leis de Causa e Efeito. O que parece um erro de divisão do ADN, em verdade, advém do próprio Espírito reencarnante que, através do perispírito, que oferece moldes cada vez mais aperfeiçoados, imprime no novo corpo suas conquistas, deixando-as impressas nas moléculas do ADN. A vida responde ao esforço próprio do Espírito que conserva todo o patrimônio conquistado.

A interferência dos Espíritos Superiores no corpo espiritual está fartamente citado no livro *Evolução em Dois Mundos*. A intervenção dos Espíritos Superiores, contudo, não altera o conceito de que o Espírito está construindo a si mesmo. Na mesma obra, André Luiz nos revela que o próprio Espírito é o construtor de si mesmo, tanto no que se refere ao patrimônio espiritual quanto às vestes físicas.

A aparente contradição demonstra que o progresso e a evolução é obra de cooperação, em que o Pai permite a intervenção dos filhos em estágio evolutivo superior em favor dos que seguem na retaguarda. Mas assim como o valor da música não está apenas no instrumento, mas na habilidade do instrumentista, cada Espírito deve habilitar-se, com o esforço próprio, para utilizar qualquer recurso a que venha se beneficiar. O esforço próprio é indispensável à ascenão evolutiva.

O amigo leitor poderá se perguntar o que todo o progresso evolutivo tem a ver com a educação. Compreendendo a educação como o próprio processo de evolução, educar é auxiliar a evolução do Espírito.

A Doutrina Espírita confirma a evolução pelo esforço próprio de cada Espírito, sob a supervisão e estímulo das Inteligências Superiores, mas que ele mesmo conquista, pelo trabalho próprio, cada degrau de sua escalada evolutiva, como já anunciava Jesus: "A cada um segundo as suas obras."

O Espírito é o construtor de seu próprio destino. A educação do Espírito é, pois, construtivista, em seu sentido espiritual. Ser construtivista, em seu sentido espiritual, exigirá nova postura do educador, que deverá, através de métodos ativos, propiciar condições do educando construir sua própria inteligência e ampliar sua capacidade de sentir e amar.

O processo evolutivo pela adaptação do indivíduo ao meio (assimilação), sofrendo acomodações progressivas, ou seja, mudanças sucessivas num processo de auto-regulação majorante, cada vez mais móveis, mais amplas e mais estáveis, corresponde à própria teoria de Piaget. (Ver cap. 4 - item 5)

A Doutrina Espírita, contudo, amplia o conceito de evolução ao nível espiritual, demonstrando que a evolução ocorre em dois planos. Da mesma forma a interação do indivíduo com o meio ocorre nos planos físico e espiritual.

Por outro lado, o processo evolutivo tendendo sempre a um estado superior, a um aperfeiçoamento, confirma Pestalozzi ao afirmar que o homem possui em germe, tanto a razão como os sentimentos morais.

*

Embora os preconceitos que ainda possam existir, os naturalistas e os biólogos seguirão este caminho, no futuro, pois a verdade, imperiosa por si, falará mais alto, como sempre tem ocorrido nos séculos da História humana. A psicologia e a pedagogia terão embasamento seguro em suas teorias futuras, que a Doutrina Espírita vem inaugurar desde já, mas que Pestalozzi e outros educadores já percebiam de forma intuitiva, como veremos a seguir.

Temos, pois, em estado nascente, uma nova pedagogia, a Pedagogia Espírita ou a Pedagogia do Espírito, profundamente ampliada e iluminada em seus conceitos mais importantes, oferecendo bases seguras para a Educação do Espírito, que se inicia no Coração do Mundo. Os educadores que já trabalhavam neste mesmo sentido, embora de forma intuitiva, como Pestalozzi, ressurgirão com força inigualável, abrindo espaço para uma educação incomparavelmente bela, profunda, luminosa, a Educação do Espírito, iniciada pelo Mestre por excelência, quando propôs a construção do "Reino dos Céus" no interior de cada um.

4

REENCARNAÇÃO E EDUCAÇÃO

Se o corpo físico é fruto de herança genética transmitida de pai para filho pelos milênios de evolução biológica que o próprio Espírito participou em sua escalada evolutiva, o patrimônio Espiritual, intelectual e afetivo é conquista do próprio Espírito ao longo dos milênios, em transição constante pelos dois mundos, material e espiritual, nascendo, vivendo e morrendo, para renascer e viver novamente, em constante ciclo evolutivo, desenvolvendo gradativa e constantemente o patrimônio latente que possui por herança Divina, conforme a maravilhosa síntese esculpida no dólmen de Kardec:

"NASCER, VIVER, MORRER, RENASCER AINDA, PROGREDIR SEMPRE TAL É A LEI".

Ao mesmo tempo em que ocorre a evolução do Princípio Espiritual no reino animal, depois de passar pelos filtros do reino mineral e vegetal, este (Princípio Espiritual) também colabora com o corpo biológico, aperfeiçoando-o constantemente. .

O patrimônio Espiritual permanece, contudo, nos arquivos do Espírito eterno. No Mundo Espiritual continuará o processo evolutivo, ficando registradas todas as mudanças intelectuais e morais, como as transformações adaptativas que se fixam no corpo espiritual e que irão se refletir mais tarde no corpo físico que recebe por herança genética.

*

De encarnação em encarnação, de experiência em experiência, o Espírito vai conquistando sua própria bagagem interior. A criança que recebemos hoje é o Espírito que retorna às lides da Terra para nova etapa evolutiva, trazendo imensa bagagem de seu passado milenar. Quantas existências já teve? Por quais civilizações já viveu? Que sentimentos já desenvolveu no passado? Sentimentos nobres, ideais elevados, vícios depreciativos?

Nesta romagem evolutiva, através dos milênios, de encarnação em encarnação, o Espírito se aperfeiçoa e progride.

Mas até onde vai?

Para onde caminha? Existe uma meta superior a atingir, um objetivo supremo?

"O homem sendo perfectível, e carregando em si o germe de seu aperfeiçoamento (...)"
(O Livro dos Espíritos - pgta.776)

5

O GERME DA PERFEIÇÃO

Cada Espírito vem construindo a si mesmo através dos milênios vividos. Mas seja qual for a sua situação, esse Espírito traz em si mesmo, em estado latente, os ideais superiores e Divinos, pois é FILHO DE DEUS. Assim, por maiores que tenham sido os seus erros do passado, por inferiores que sejam os seus impulsos, esse Espírito renasce para EVOLUIR, para reajustar-se com as leis divinas, para desenvolver seu potencial interior, seguindo o caminho evolutivo rumo à perfeição. Ele traz em si mesmo o impulso fabuloso e irresistível de seguir para frente e para cima. Filho de Deus, traz em si mesmo o **germe da perfeição.**

A criança, Espírito criado por Deus para a perfeição, é pois um ser perfectível, ou seja, suscetível de perfeição.

Recordemos Kardec na questão 776 de *O Livro dos Espíritos*: "O homem sendo perfectível, e carregando em si o germe de seu aperfeiçoamento (...)"

E na questão 754: "Todas as faculdades existem no homem em estado rudimentar ou latente. Elas se desenvolvem conforme as circunstâncias lhes são mais ou menos favoráveis."

Na mesma questão ainda temos que o senso moral existe, em princípio, em todos os homens: "Ele existe (o senso moral), pois, no selvagem, mas está como o princípio do perfume está no germe da flor, antes dela desabrochar."

O Espírito, pois, através de suas múltiplas existências, desenvolve gradativamente este potencial interior, o germe da perfeição que todos trazemos em nós mesmos, como já ensinava Jesus:

"O Reino dos Céus está dentro de vós";

"Buscai primeiro o Reino dos Céus e tudo o mais vos será dado por acréscimo."

O objetivo supremo da vida é, pois, a busca da perfeição.

Eis o objetivo da educação em seu verdadeiro sentido: auxiliar o Espírito a desenvolver o germe da perfeição que traz em si mesmo, o potencial interior, as faculdades latentes do Espírito.

Capítulo Terceiro

A CRIANÇA

1

A CRIANÇA

Compreendemos, pois, que a criança é o Espírito eterno que ora reinicia a sua aprendizagem no mundo, trazendo consigo ao renascer uma bagagem de experiências multimilenares, mas carregando também em si mesma, o germe de seu aperfeiçoamento.

Seu objetivo na Terra: EVOLUIR, desenvolver sua potencialidade interior, compreender a si mesma e ao mundo que a cerca, corrigir os erros cometidos no passado, superar os próprios defeitos, desenvolvendo assim, gradativamente, o germe da perfeição que carrega em si mesma, como herança Divina.

"Ó espíritas! compreendei hoje o grande papel da Humanidade; compreendei que quando produzis um corpo, a alma que nele se encarna vem do espaço para progredir; sabei vossos deveres e colocai todo o vosso amor em aproximar essa alma de Deus;" (*O Evangelho Segundo o Espiritismo* – cap. XIV.9)

Em *O Livro dos Espíritos,* questão 132, observamos o mesmo ensinamento:

"Qual o objetivo da encarnação dos Espíritos? R: – Deus lhes impõe a encarnação com o objetivo de fazê-los chegar à perfeição. Para alguns é uma expiação , para outros é uma missão. Todavia, para alcançarem essa perfeição, devem suportar todas as vicissitudes da existência corporal; nisto é que está a expiação(...)"

"A ação dos seres corpóreos é necessária à marcha do Universo, mas Deus, em sua sabedoria, quis que, por essa mesma ação, eles encontrassem um meio de progredir e de se aproximarem dele. É assim que, por uma lei admirável de sua providência, tudo se encadeia, tudo é solidário na Natureza."

Vejamos, pois, os ensinamentos que a Doutrina Espírita nos oferece, de forma segura e clara, através das obras de Kardec, sobre o Espírito em sua nova fase evolutiva, ao reencarnar.

Os Espíritos nos ensinam que a união da alma ao corpo se inicia no momento da concepção, mas apenas se completa no nascimento.

"Em que momento a alma se une ao corpo? – A união começa na concepção, mas não se completa senão no momento do nascimento. Desde o momento da concepção, o Espírito designado para habitar tal corpo, a ele se liga por um laço fluídico que vai se apertando, cada vez mais, até que a criança nasça; o grito que se escapa, então da criança, anuncia que ela se encontra entre os vivos e servidores de Deus." (*O Livro dos Espíritos* – pgta. 344)

Os Espíritos nos ensinam também que desde o berço a criança manifesta os instintos bons ou maus que traz de sua existência anterior:

"Desde o berço , a criança manifesta os instintos bons ou maus que traz de sua existência anterior ; é a estudá-los que é preciso se aplicar; todos os males têm seu princípio no egoísmo e no orgulho; espreitai, pois, os menores sinais que revelem os germes desses vícios, e empenhai-vos em combatê-los, sem esperar que lancem raízes profundas;(...)" (*O Evangelho Segundo o Espiritismo* – cap. XIV.9)

Aprendemos também que as faculdades inerentes ao Espírito reencarnante somente se manifestam gradualmente, de acordo com o desenvolvimento dos órgãos.

"Ao nascer, o Espírito recobra imediatamente a plenitude de suas faculdades? R.– Não, elas se desenvolvem gradualmente com os órgãos. É para ele uma nova existência e é necessário que aprenda a se servir dos seus instrumentos. As idéias lhe tornam pouco a pouco, como a um homem que sai do sono e se encontra em posição diferente da que tinha na véspera." (*O Livro dos Espíritos* – pgta. 352)

O mesmo ensinamento observamos em *O Evangelho Segundo o Espiritismo*, cap. VIII.4:

"A partir do nascimento, suas idéias retomam gradualmente impulso, à medida que se desenvolvem os órgãos; de onde se pode dizer que, durante os primeiros anos, o Espírito é verdadeiramente criança , porque as idéias que formam o fundo do seu caráter estão ainda adormecidas . Durante o tempo em que seus instintos dormitam, ele é mais flexível e, por isso mesmo, mais acessível às impressões que podem modificar sua natureza e fazê-lo progredir, o que torna mais fácil a tarefa imposta aos pais."

A manifestação do Espírito necessita ser proporcional à fragilidade do corpinho infantil, como percebemos neste trecho:

"Seria preciso, aliás, que a atividade do princípio inteligente fosse proporcional à fraqueza do corpo que não poderia resistir a uma atividade muito grande do Espírito, assim como se vê entre as crianças muito precoces." (*O Evangelho Segundo o Espiritismo* – cap. VIII-4)

Uma criança, pois, embora sendo um Espírito eterno, reencarnado, tem a manifestação de sua inteligência limitada, não possuindo a mesma intuição de um adulto.

À medida em que os órgãos se desenvolvem, gradualmente sua bagagem interior começa a se manifestar.

"Quando ele é criança , é natural que os órgãos da inteligência, não estando desenvolvidos, não podem dar-lhe a intuição de um adulto. Ele tem, com efeito, a inteligência muito limitada enquanto a idade faz amadurecer sua razão. A perturbação que acompanha a reencarnação não cessa subitamente no momento de nascer; ela não se dissipa senão gradualmente com o desenvolvimento dos órgãos." (*O Livro dos Espíritos* – pgta. 380)

Kardec reforça a assertiva dos Espíritos com o comentário: "Uma observação vem em apoio desta resposta: é que os sonhos, em uma criança, não têm o caráter dos de um adulto; seu objeto é quase sempre pueril, o que é indício da natureza das preocupações do Espírito."

*

O objetivo do Espírito ao reencarnar é se aperfeiçoar e a fase infantil é a mais propícia à ação educativa.

"O Espírito se encarnando para se aperfeiçoar, é mais acessível, durante esse período, às impressões que recebe e que podem ajudar o seu adiantamento, para o qual devem contribuir aqueles que estão encarregados da sua educação." (*O Livro dos Espíritos* – pgta. 383)

Os ensinamentos dos Espíritos são claros:

– O homem é um ser perfectível, carregando em si o germe de seu aperfeiçoamento.

– O Espírito reencarna para se aperfeiçoar, evoluir.

– A união da alma e do corpo se inicia na concepção e se completa no nascimento.

– Desde o berço, a criança manifesta os instintos bons ou maus que traz de sua existência anterior.

– A partir do nascimento, suas idéias retomam gradualmente impulso, à medida que se desenvolvem os órgãos.

– As faculdades do Espírito somente se manifestam gradativamente, de acordo com o desenvolvimento dos órgãos.

– O Espírito se encarnando para se aperfeiçoar, é mais acessível, durante esse período, às impressões que recebe e que podem ajudar o seu adiantamento, para o qual devem contribuir aqueles que estão encarregados da sua educação.

2
INFÂNCIA – PRINCIPAL PERÍODO PARA A EDUCAÇÃO DO ESPÍRITO

Torna-se clara a importância desses primeiros anos da infância. A fraqueza da pouca idade é providencial à ação educativa. Assim, durante este período de infância, o Espírito torna-se mais acessível ao processo educativo.

Sendo um período de revelação gradual das qualidades já desenvolvidas em encarnações anteriores, é também um período em que mais facilmente a criança poderá desenvolver novas qualidades e poderes interiores, aperfeiçoando-se, melhorando-se, conquistando seu próprio futuro, evoluindo enfim. Este é o próprio objetivo da vida: aperfeiçoar-se, evoluir.

"(...) os Espíritos não entram na vida corporal senão para se aperfeiçoar, se melhorar; a fraqueza da pouca idade os torna flexíveis, acessíveis aos conselhos da experiência e daqueles que os devem fazer progredir. É quando se pode reformar seu caráter e reprimir-lhes as más inclinações; tal é o dever que Deus confiou aos pais, missão sagrada pela qual deverão responder. Por isso a infância não é somente útil, necessária, indispensável, mas ainda ela é a conseqüência natural das leis que Deus estabeleceu e que regem o Universo." (*O Livro dos Espíritos* – pgta. 385)

A infância, pois, representa uma bênção ao Espírito reencarnante e uma oportunidade valiosa de transformação interior. Oportunidade que o amor e a sabedoria do Pai oferecem ao filho.

A sabedoria Divina, regula e dosa os impulsos do passado, de tal forma que somente se manifestem de maneira gradual, conforme o desenvolvimento dos órgãos, permitindo a ação educativa que deve, pouco a pouco, trabalhar com os impulsos apresentados pela criança, oferecendo estímulos superiores aos ideais nobres que ela está em condições de receber.

A manifestação gradual oferecerá aos pais e educadores as pistas do caráter desse Espírito , e os pontos essenciais a serem trabalhados durante sua etapa reeducativa. A flexibilidade do Espírito durante a infância o torna mais acessível às impressões que podem modificar sua natureza e fazê-lo progredir, conforme nos ensinam os Espíritos.

É necessário, pois, acompanhar o desenvolvimento natural e progressivo da criança, oferecendo-lhe os estímulos necessários, não somente despertando o potencial que se encontra temporariamente "adormecido", corrigindo impulsos mal direcionados, como também desenvolvendo, a partir daí, as demais potências da alma, visando despertar os poderes latentes do Espírito.

Algumas crianças manifestam desde cedo tendências para a música, para a dança. Outras se destacam pela habilidade em pintar, desenhar, outras encontram facilidade na matemática e assim por diante. O educador sábio aproveita as tendências naturais da criança, tanto no campo intelectual como moral, tendências que ela já possui e que se manifestam gradualmente, para desenvolver gradualmente as potências da alma.

A educação baseada no desenvolvimento progressivo das potências do Espírito, através do apelo à razão e ao bom senso, gerando confiança própria, esclarecendo a mente , estimulando a vontade, auxiliará o Espírito a se tornar um ser que pensa, sente e age no bem. O desenvolvimento da razão o conduzirá a analisar, pensar e escolher o melhor. O desenvolvimento do sentimento despertará o amor, a bondade, o sentimento nobre que aproxima a criatura de Deus. Sua vontade, energia propulsora de seus atos, o conduzirá a agir no bem.

Eis o processo da verdadeira educação, a educação do Espírito, que desenvolve as potências da alma, o "germe da perfeição" que a criatura traz por herança do Pai. Temos o Espírito atingindo, gradativamente, a própria autonomia intelectual e moral, entrando em franco processo evolutivo, organizando sociedades dignas, onde a ciência, a filosofia e a moral caminham entrelaçadas no mesmo ideal, onde o Espírito encontra vasto campo de trabalho para a realização das elevadas aspirações da alma que se volta para Deus. Temos, pois, o Cidadão do Universo, aprendendo a vibrar em sintonia com as Leis Divinas, e se aproximando cada vez mais do Pai.

3
CRIANÇA – ESPÍRITO EM EVOLUÇÃO

Indo além das pesquisas da pedagogia tradicional e da psicologia educacional, a Doutrina Espírita nos revela, principalmente nos livros de André Luiz, o imenso trabalho do Mundo Espiritual na preparação de uma nova encarnação. Iluminando a pedagogia e a psicologia, a Doutrina Espírita nos revela que a criança é o Espírito que retorna, trazendo necessidades individuais e um programa de vida estabelecido durante sua preparação para reencarnar.

Essencialmente, podemos afirmar que o Espírito se prepara tendo em vista suas necessidades básicas evolutivas, levando-se em conta:

* Sua bagagem evolutiva conquistada nos milênios anteriores, até o momento presente.

* O potencial futuro, passível de ser desenvolvido na próxima encarnação, a partir das conquistas atuais.

Da bagagem do passado, destacam-se as qualidades apreciáveis conquistadas pelo Espírito, bem como os defeitos, erros e viciações amealhadas em seu livre-arbítrio.

Todo o seu passado servirá de base para as conquistas futuras.

As conquistas anteriores, as tendências nobres, as qualidades superiores, servirão de ponto de partida para novas conquistas no campo intelectual e afetivo.

Temos, pois, na criança, um Espírito que reencarnou com um programa de vida, elaborado no Mundo Espiritual, que prevê as necessidades básicas evolutivas do reencarnante. É fácil perceber que as necessidades variam imensamente de Espírito para Espírito.

Cada Espírito, pois, renasce no meio mais propício ao seu desenvolvimento interior, com um programa de vida traçado no Mundo Espiritual.

Isso não exclui a ação educativa em absolutamente nenhum caso. Por mais revel seja o Espírito, tenha ele renascido no antro mais profundo de inferioridade, abandonado pelos pais, nas piores condições, será ele o que mais necessitará da ação educativa, que fornecerá ao Espírito que reencarnou para **evoluir**, a energia e a força interior para vencer as provas necessárias ao seu aprimoramento. Por mais fundo tenha entrado nos liames da inferioridade, o Espírito recomeçará daí sua escalada evolutiva. A evolução é determinista. Variam as formas e os meios, mas todos os seres, filhos de Deus, evoluem incessantemente, alguns mais rapidamente, outros muito lentamente, conforme o próprio livre-arbítrio, mas todos caminham para frente e para cima, embora possa parecer aos olhos dos menos avisados que a Humanidade possa regredir.

Um dos grandes exemplos de fé na educação, nos deu Pestalozzi, quando, em Stans, na Suíça, arrebanhava as crianças abandonadas nas piores condições possíveis, albergando-as no orfanato que dirigia. A ação educativa de Pestalozzi, embasada no amor e na fé, reconduzia o Espírito aos canais superiores da evolução. Transformava crianças rebeldes em homens de bem. O educador sabe amar seu discípulo e ver nele o Espírito eterno, filho de Deus que renasceu para evoluir, seja qual seja a sua situação atual.

Em *O Evangelho Segundo o Espiritismo*, cap. XI-9, encontramos o seguinte trecho esclarecedor:

"Os efeitos da lei de amor são o aperfeiçoamento moral da raça humana e a felicidade durante a vida terrestre. Os mais rebeldes e os mais viciosos deverão se reformar quando virem os benefícios produzidos por esta prática: Não façais aos outros o que não quereríeis que vos fosse feito, mas fazei-lhes, ao contrário, todo o bem que está em vosso poder fazer-lhes."

"Não creiais na esterilidade e no endurecimento do coração humano; ele cede, a seu malgrado, ao amor verdadeiro; é um ímã ao qual não pode resistir, e o contato desse amor vivifica e fecunda os germes dessa virtude que está nos vossos corações em estado latente. A Terra, morada de prova e de exílio, será então purificada por esse fogo sagrado, e verá praticar a caridade, a humildade, a paciência, o devotamento, a abnegação, a resignação, o sacrifício, virtudes todas filhas do amor."

4

OS IMPULSOS DO PASSADO REAGEM AOS ESTÍMULOS DO PRESENTE

As experiências por que passa nesta existência, desde os primeiros meses, e mesmo durante a gestação, as vibrações que sente, os exemplos que observa, os livros que lê, enfim, tudo o que acontece à sua volta, vai influenciar a criança, positiva ou negativamente. Cada uma, contudo, reagirá a essa influência de determinada forma, de acordo com o seu "eu" interior, com a sua bagagem, com as experiências já vividas no passado.

A criança, Espírito eterno reencarnado, recebe estímulos do meio, que agem sobre seus impulsos interiores, levando-os à reagirem aos estímulos externos. Certos estímulos do meio não atraem o interesse da criança, enquanto outros atrairão. Cada estímulo estará reagindo com a bagagem interior que está em condições de se ativar. Na medida em que os órgãos amadurecem, a atividade do princípio inteligente aumenta, dando margem a que outros impulsos possam surgir. O passado, pois, reage sobre ela gradativamente, oferecendo a intuição que conserva da experiência adquirida, como nos ensinam os Espíritos:

"Seu passado, entretanto, reage sobre ele, que renasce para a vida maior, mais forte, moral e intelectualmente, sustentado e secundado pela intuição que conserva da experiência adquirida."(*O Evangelho Segundo o Espiritismo* – cap. VIII-4)

Assim, pois , o estímulo do meio somente atingirá os impulsos que estiverem em condições de serem ativados. Como "as idéias retomam gradualmente impulso, à medida que se desenvolvem os órgãos", também, gradualmente, a criança vai reagindo aos estímulos exteriores. Estes vão acordando gradativamente as potências já desenvolvidas no passado, propiciando oportunidade de desenvolvimento de outras qualidades do Espírito.

Desta forma , o planeta deve oferecer ao Espírito que reencarna o ambiente adequado, tanto físico, emocional, intelectual e vibracional, propício ao desenvolvimento de suas qualidades. Mozart necessitou renascer num meio que lhe favorecesse o despertar de sua genialidade no campo da música, desde a mais tenra idade. Outros Espíritos renascem no meio mais propício ao desenvolvimento de suas faculdades, à realização de sua tarefa no Mundo. Alguns Espíritos necessitam renascer em meios que lhes oferecerão grandes dificuldades materiais. Cada Espírito tem suas necessidades básicas.

Assim, cada Espírito reencarna no meio que lhe é mais propício, de acordo com o seu grau evolutivo, suas necessidades e conforme o seu estado vibracional, meio este necessário ao seu desenvolvimento, como a semente que requer certo tipo especial de solo, temperatura, quantidade de luz, etc., para se desenvolver.

O Espírito evolui a partir das experiências que já possui, ou seja, a partir da bagagem que construiu para si mesmo no passado, ampliando gradativa e gradualmente a sua própria bagagem intelectual e moral. Experiências novas reagindo com as anteriores , formam nova bagagem, num processo constante de transformação e crescimento gradual. Somente construímos algo novo, com base naquilo que já construímos no passado. "A cada um segundo as suas obras", nos ensina Jesus.

As experiências do presente reagem com as aquisições do passado para a conquista do futuro, conforme nos ensina o Espírito Calderaro, através de André Luiz:

"Para que nossa mente prossiga na direção do alto, é indispensável se equilibre, valendo-se das conquistas passadas, para orientar os serviços presentes, e amparando-se, ao mesmo tempo, na esperança que flui, cristalina e bela, da fonte superior de idealismo elevado; através dessa fonte ela pode captar do plano divino as energias restauradoras, assim construindo o futuro santificante." (*No Mundo Maior* – André Luiz – cap. 4)

Claro está que a educação não é um processo simples de acúmulo de conhecimentos, mas de transformações graduais; não é um simples processo de "fora para dentro" onde o adulto coloca conhecimentos. O educando não é um elemento passivo, mero ouvinte, mas o construtor de seu próprio conhecimento. A participação de cada Espírito em sua própria educação é insofismável. O esforço próprio é indispensável à ascensão.

A Doutrina Espírita resgata a teoria das "idéias inatas" de Sócrates e Platão, que a Igreja Romana aboliu como errôneas. Coloca luz fortíssima nas divergências entre "racionalistas", que fizeram renascer as idéias gregas, e os "empiristas ingleses", que afirmavam não existir idéias inatas, não existindo conhecimento fora daqueles que os nossos sentidos registraram.

Tudo é sábio na obra Divina: A aparência de inocência na infância é providencial para despertar o amor dos pais, ao mesmo tempo em que a manifestação gradual oferecerá aos pais e educadores as pistas do caráter desse Espírito, favorecendo a ação educativa, ou melhor dizendo, reeducativa. Ao mesmo tempo, a fraqueza da pouca idade torna o Espírito mais flexível, acessível à ação educativa.

Entretanto, se "a partir do nascimento, suas idéias retomam gradualmente impulso, à medida que se desenvolvem os órgãos", é natural pensar que, quando os órgãos estiverem totalmente desenvolvidos, tais impulsos também se manifestem em toda a intensidade.

A uma certa idade, particularmente ao sair da adolescência, o Espírito deve retomar sua natureza, tal qual era. Seus impulsos que se manifestavam gradualmente, atingem agora toda a intensidade que é própria do Espírito reencarnado.

"De onde provém a mudança que se opera no caráter, a uma certa idade, e particularmente ao sair da adolescência? É o Espírito que se modifica? R. – É o Espírito que retoma sua natureza e se mostra como ele era." (*O Livro dos Espíritos* – pgta. 385)

Se não se preparou na infância, os impulsos do passado retornam em toda a sua força, arrastando muitas vezes o Espírito aos mesmos erros do passado. A ação educativa se torna mais difícil. Muitas vezes, somente a dor e o sofrimento em longos processos de reajustes conduzirão esse Espírito aos caminhos do bem.

A ação educativa, sabiamente aplicada na infância, oferecerá ao Espírito reencarnado excelente oportunidade de refazer caminhos, corrigir seus impulsos e desenvolver novas qualidades interiores. Um Espírito que possua fortes tendências para o mal terá neste período de manifestação gradual de suas tendências inferiores, o tempo ideal para que possa ser aproveitado por aqueles que têm a tarefa de auxiliar sua educação, ajudando-o a desenvolver sentimentos superiores, noções nobres, ideais elevados, para que este Espírito possa saber lidar com os impulsos que surgem e outros que somente surgirão mais tarde.

Claríssima está a importância do Espírito atingir a mocidade preparado intelectual e moralmente. Importantíssimo esse Espírito manter o vínculo com outros jovens em clima de estudo, troca de idéias e vibrações e com adultos em quem possa confiar e receber as vibrações e a força necessárias para vencer, muitas vezes, vícios e tendências negativas. Ingressará, assim, na idade adulta, amadurecido e fortalecido pela fé e confiança em si mesmo e em Deus, para enfrentar outras experiências que a vida lhe proporcionará, pois nenhuma fase da existência terrestre é perdida.

Que outros reajustes aguardam o Espírito após a juventude? Que experiências o aguardam aos 30, 40 ou 60 anos? Ao defrontar-se com um inimigo do passado, como reagirá? Como suportará as experiências necessárias ao seu próprio aperfeiçoamento? Desde a tenra infância à velhice, a existência planetária oferece ao Espírito oportunidades valiosas de aprendizado e aperfeiçoamento. Mas sem dúvida , a fase mais propícia é a fase infantil, onde o Espírito ali está, manifestando, gradualmente, as suas faculdades e aperfeiçoando, também gradualmente, a si mesmo, na aprendizagem que lhe garantirá o sucesso futuro.

Onde encontrar as bases para a verdadeira educação, a educação do Espírito?

"Eu Sou o Caminho, a Verdade e a Vida". As palavras de Jesus não representam uma frase de efeito, mas verdade incontestável para os que têm "olhos de ver". O Evangelho representa roteiro seguro para os educadores do futuro. O evangelizador, seja da criança, do jovem ou do adulto, tem um vínculo com Jesus. Compromisso indelével com aquele que afirmou: "O Reino dos Céus está dentro de vós" e se apresentou como o "Caminho, a Verdade e a Vida" e chegou ao extremo de afirmar que "Ninguém vem ao Pai senão por mim".

Que dúvida poderá restar a nós, que abraçamos o Espiritismo, Consolador prometido pelo Cristo e que deverá restaurar o Cristianismo em sua pureza primitiva?

Trabalhemos pois, com entusiasmo e amor pela educação do Espírito, alicerçado no Evangelho de Jesus, começando pela infância e pela juventude deste Brasil que é o "Coração do Mundo", a própria "Pátria do Evangelho".

5
RECAPITULANDO EXPERIÊNCIAS

Nosso estudo nos demostra que o Espírito, ao reencarnar, recapitula na fase embriogênica, a evolução filogenética de todo o reino animal e após o nascimento manifesta, gradualmente, etapa por etapa, todo o patrimônio evolutivo conquistado pelos milênios de experiências na condição de humanidade. (ver também cap. 5, item 7)

No livro *Missionários da Luz*, o Espírito Alexandre nos faz maravilhosa revelação:

" – Não se esqueça, André, de que a reencarnação significa recomeço nos processos de evolução ou de retificação. Lembre-se de que os organismos mais perfeitos da nossa Casa Planetária procedem inicialmente da ameba. Ora, recomeço significa "recapitulação" ou "volta ao princípio". Por isso mesmo, em seu desenvolvimento embrionário, o futuro corpo de um homem não pode ser distinto da formação do réptil ou do pássaro. O que opera a diferenciação da forma é o valor evolutivo, contido no molde perispirítico do ser que toma os fluidos da carne. Assim pois, ao regressar à esfera mais densa, como acontece a Segismundo, é indispensável recapitular todas as experiências vividas no longo drama de nosso aperfeiçoamento, ainda que seja por dias e horas breves, repetindo em curso rápido as etapas vencidas ou lições adquiridas, estacionando na posição em que devemos prosseguir no aprendizado. Logo depois da forma microscópica da ameba, surgirão no processo fetal de Segismundo os sinais da era aquática de nossa evolução e, assim por diante, todos os períodos de transição ou estações de progresso que a criatura já transpôs na jornada incessante do aperfeiçoamento, dentro da qual nos encontramos, agora, na condição de humanidade." (*cap. 13*)

Alexandre deixa claro, pois, que ao reencarnar, o Espírito revive todas as etapas evolutivas conquistadas através dos milênios, desde o ser unicelular, as complexas organizações dos animais superiores, chegando até a condição de humanidade. A própria ciência reconhece tal fato através da comparação dos fetos de diversos animais com o homem, embora analise apenas o aspecto biológico do ser. A biologia comparada não pode possuir o alcance espiritual do processo, por falta de elementos, que a Doutrina Espírita nos oferece hoje, jorrando luzes nos estudos sobre a evolução dos seres. Percebemos, pois, que a ontogênese repete a filogênese.

GÊNESE ESPIRITUAL E EVOLUÇÃO

Percebemos a importância da Doutrina Espírita ao revelar, além da gênese orgânica, a gênese espiritual e a evolução do princípio espiritual. (Vide *A Gênese* de A.Kardec, *Cap. XI*)

"Em verdade, porém, para não cairmos nas recapitulações incessantes, em torno de apreciações e conclusões que a ciência do mundo tem repetido à saciedade, acrescentaremos simplesmente que as leis da reprodução animal, orientadas pelos Instrutores Divinos, desde o casulo ferruginoso do leptótrix, através da retração e expansão da energia nas ocorrências do nascimento e morte da forma, recapitulam ainda hoje, na organização de qualquer veículo humano, na fase embriogênica, a evolução filogenética de todo o reino animal, demonstrando que além da ciência que estuda a gênese das formas, há também uma genealogia do espírito." (*Evolução em Dois Mundos –1a.P. Cap.VI* – Genealogia do Espírito)

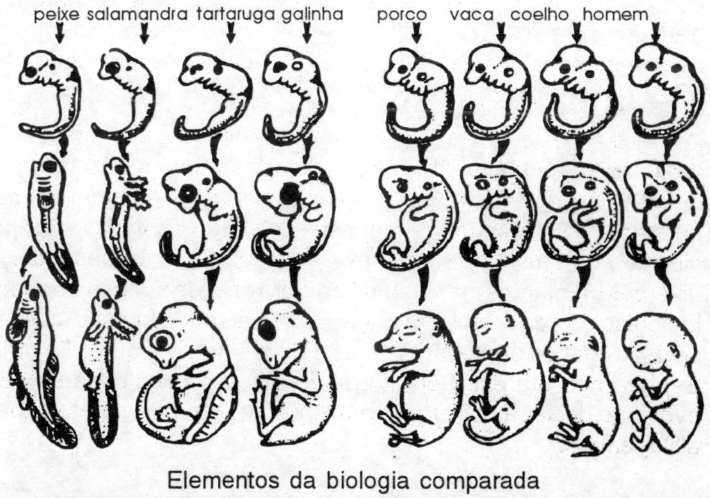

Elementos da biologia comparada

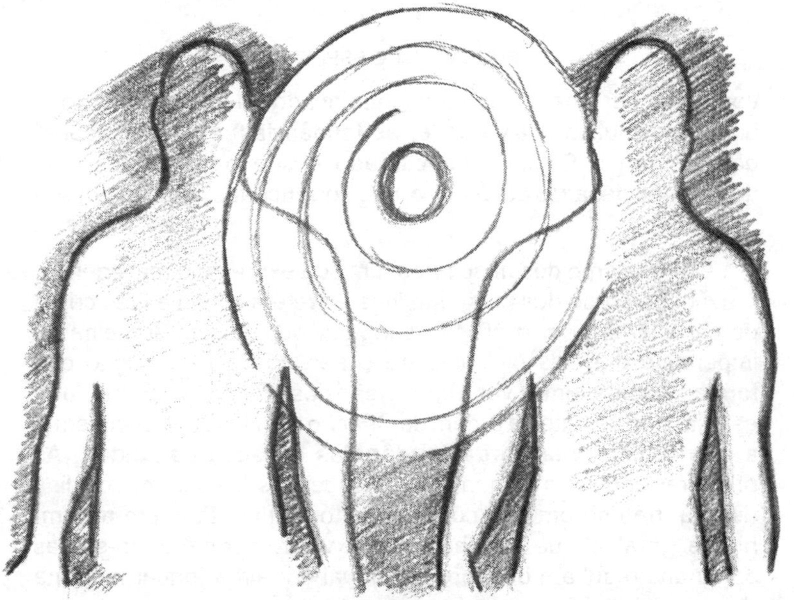

6
CORPO FÍSICO, HEREDITARIEDADE E EDUCAÇÃO

Embora a forma física do futuro reencarnante possa depender dos cromossomos paternos e maternos, temos que levar em conta o próprio Espírito que reencarna trazendo consigo toda a bagagem evolutiva que conquistou nos milênios afora. Herdamos o corpo físico que nós mesmos ajudamos a construir nos milênios passados e trazemos nossa bagagem milenária que se manifestará gradualmente, conforme o desenvolvimento dos órgãos.

*

Embora o corpo físico possa trazer tendências hereditárias, o Espírito possui condições para superá-las, de acordo com sua vontade e persistência no bem, imprimindo ao novo corpo, nova direção evolutiva. Na verdade, as tendências e as "tentações" que cercam o Espírito reencarnado desde os primeiros dias de vida são desafios ao Espírito, que ao vencê-las, avança em sua escalada evolutiva.

"O organismo dos nascituros, em sua expressão mais densa, provém do corpo dos pais, que lhes entretêm a vida e lhes criam os caracteres com o próprio sangue; todavia, em semelhante imperativo das leis divinas para o serviço de reprodução das formas, não devemos ver a subversão dos princípios de liberdade espiritual, imanente na ordem da Criação Infinita. Por isso mesmo, **a criatura terrena herda tendências e não, qualidades**. As primeiras cercam o homem que renasce, desde os primeiros dias de luta, não só em seu corpo transitório, mas também no ambiente geral a que foi chamado a viver, aprimorando-se; as segundas resultam do labor individual da alma encarnada, na defesa, educação e aperfeiçoamento de si mesma nos círculos benditos da experiência (...) Todavia, se a alma que regressa ao mundo permanece disposta ao serviço de auto-elevação, sobrepairará a quaisquer exigências menos nobres do corpo ou do ambiente, triunfando sobre as condições adversas e obtendo títulos de vitória da mais alta significação para a vida eterna." (grifo nosso) (*Missionários da Luz* – Cap. 13)

*

Ao renascer, o Espírito sofre esquecimento temporário de seu passado, embora suas estruturas mentais continuem ativas, manifestando-se gradualmente, desde o nascimento, em forma de tendências, preferências, habilidades, pendores e propensões que o Espírito manifesta, gradativamente, e que representam as conquistas efetuadas em múltiplas encarnações passadas.

No que se refere à hereditariedade, Léon Denis, no livro *O Problema do Ser, do Destino e da Dor*, cap. XV, nos diz:

"O gênio, dizíamos, não se explica pela hereditariedade nem pelas condições do meio. Se a hereditariedade pudesse produzir o gênio, ele seria muito mais freqüente. A maior parte dos homens célebres teve ascendentes de inteligência medíocre e sua descendência foi-lhes notoriamente inferior. Sócrates e Joana D'Arc nasceram de famílias obscuras. Sábios ilustres saíram dos centros mais vulgares, por exemplo: Bacon, Copérnico, Galvani, Kepler, Hume, Kant, Locke, Malebranche, Réaumur, Spinoza, Laplace, etc. J.J.Rousseau, filho de um relojoeiro, apaixona-se pela Filosofia e pelas Letras na loja do seu pai; D'Alembert, enjeitado, foi encontrado na soleira da porta de uma igreja e criado pela mulher de um vidreiro. Nem a ascendência nem o meio explicam as concepções geniais de Shakespeare." (...)

"Há, contudo, casos em que o talento, a memória, a imaginação, as mais altas faculdades do espírito parecem hereditárias. Essas semelhanças psíquicas entre pais e filhos explicam-se pela atração e simpatia; são Espíritos similares atraídos uns para os outros por inclinações análogas e que antigas relações uniram... Evidentemente as altas Inteligências, a fim de manifestarem com mais liberdade suas faculdades, escolhem, para reencarnar, um meio em que haja comunhão de gostos e em que os organismos materiais se vão, de geração em geração, acomodando às aptidões, cuja aquisição elas prosseguem. Dá-se isso particularmente com os grandes músicos, para quem condições especiais de sensação e percepção são indispensáveis;(...)"

Capítulo Quarto

AS POTÊNCIAS DO ESPÍRITO

1
O DESENVOLVIMENTO DAS POTÊNCIAS DO ESPÍRITO

Depois de afirmar que "o reino de Deus está dentro de vós", Jesus acrescenta:

"A que é semelhante o reino de Deus, e a que o compararei? É semelhante ao grão de mostarda que um homem, tomando-o, lançou na sua horta; e cresceu, e fez-se grande árvore, e em seus ramos se aninharam as aves do céu." (Lucas, 13,18,19)

A semente pequenina se desenvolve e se transforma em árvore imensa. O "reino" é, pois, algo que se desenvolve, cresce, se amplia.

As qualidades superiores da alma se desenvolvem gradativamente, rumo à perfeição. Como a sementinha que já possui em si mesma as qualidades da árvore adulta, o Espírito possui em si mesmo as qualidades da perfeição. O homem é um ser perfectível e carrega em si o germe de seu aperfeiçoamento, nos diz O *Livro dos Espíritos.* (pgta. 776)

No entanto, esse futuro, herança divina recebida do Criador, deverá ser conquistado pelo próprio Espírito, através de seu esforço pessoal.

O Pai oferece ao filho todas as ferramentas necessárias à sua evolução, mas não o dispensa do trabalho de conquistar a si mesmo. O Espírito Calderaro chega a afirmar, como vemos, que o Espírito está construindo o próprio futuro. Da mesma forma, afirmava Jesus: "A cada um segundo as suas obras".

2
AMOR E SABEDORIA

"(...) duas asas conduzirão o Espírito Humano à presença de Deus. Uma chama-se Amor; a outra, Sabedoria.(...)
Através do amor, valorizamo-nos para a vida.
Através da sabedoria, somos pela vida valorizados.
Daí o imperativo de marcharem juntas,
a inteligência e a bondade."
(Emmanuel – *Pensamento e Vida,* cap. 4)

Em sua escalada evolutiva, através dos milênios, o Espírito está desenvolvendo tanto o aspecto intelectual quanto o moral, qual pássaro que para voar necessita de duas asas. Em *O Livro dos Espíritos*, encontramos a mesma afirmativa:

"(...) O Espírito progride através de uma insensível

caminhada ascendente, mas o progresso não se realiza, simultaneamente, em todos os sentidos; em uma etapa ele pode avançar em ciência, em outra em moralidade." (*O Livro dos Espíritos* – questão 365)

No comentário da questão 785 encontramos:

"Há duas espécies de progresso que se prestam mútuo apoio e que, todavia, não marcham lado a lado; o **progresso intelectual** e o **progresso moral**. Entre os povos civilizados, o primeiro recebe, neste século, todos os incentivos desejáveis e, por isso, atingiu um grau desconhecido até nossos dias. Falta ao segundo para que esteja no mesmo nível, todavia, se se comparam os costumes sociais aos de alguns séculos atrás, seria preciso ser cego para negar o Progresso. Por que, pois, a marcha ascendente se deteria antes pelo moral que pela inteligência? Por que nisso não haveria entre o século dezenove e o vigésimo quarto século igual diferença que entre o décimoquarto e décimonono? Duvidar seria pretender que a Humanidade está no apogeu da perfeição, o que seria absurdo, ou que ela não é perfectível moralmente, o que é desmentido pela experiência."

*

Encontramos em Piaget ensinamento semelhante:

"A vida afetiva e a vida cognitiva são inseparáveis, embora distintas. São inseparáveis, porque qualquer permuta com o meio supõe, ao mesmo tempo, uma estruturação e uma valorização, sem que por causa disso sejam menos distintas, posto que estes dois aspectos do comportamento não se podem reduzir um ao outro... Um ato de inteligência supõe, portanto, um ajuste energético interno (interesse, esforço, facilidades, etc.), e outro extremo (valor das soluções procuradas e dos objetos sobre os quais recai a pesquisa). Mas tais ajustes são de natureza afetiva e se comparam a todos os outros da mesma ordem..." (*Psicologia da Inteligência* – cap. I)

Também encontramos em Henri Wallon as mesmas idéias:

"A afetividade, nesta perspectiva, não é apenas uma das dimensões da pessoa: ela é também uma fase do desenvolvimento, a mais arcaica. O ser humano foi, logo que saiu da vida puramente orgânica, um ser afetivo. Da afetividade diferenciou-se, lentamente, a vida racional. Portanto, no início da vida, afetividade e inteligência estão sincreticamente misturadas, com o predomínio da primeira.

A sua diferenciação logo se inicia, mas a reciprocidade entre os dois desenvolvimentos se mantém de tal forma que as aquisições de cada uma repercutem sobre a outra permanentemente. Ao longo do trajeto, elas alternam preponderâncias, e a afetividade reflui para dar espaço à intensa atividade cognitiva assim que a maturação põe em ação o equipamento sensório-motor necessário à exploração da realidade.

A partir daí, a história da construção da pessoa será constituída por uma sucessão pendular de momentos dominantemente afetivos ou dominantemente cognitivos, não paralelos, mas integrados. Cada novo momento terá incorporado as aquisições feitas no nível anterior, ou seja, na outra dimensão. Isto significa que a afetividade depende, para evoluir, de conquistas realizadas no plano da inteligência, e vice-versa." (Wallon, por Heloysa Dantas em *Piaget, Vygotsky, Wallon: Teorias Psicogenéticas em discussão* – parte 2)

3
O DESENVOLVIMENTO DA INTELIGÊNCIA

O Espírito Calderaro nos ensina em *No Mundo Maior* – cap. 3:

"No sistema nervoso, temos o cérebro inicial, repositório dos movimentos instintivos e sede das atividades subconscientes;"

"Na região do córtex motor, zona intermediária entre os lobos frontais e os nervos, temos o cérebro desenvolvido, consubstanciando as energias motoras de que se serve a nossa mente para as manifestações imprescindíveis no atual momento evolutivo do nosso modo de ser."

"Nos planos dos lobos frontais, silenciosos ainda para a

investigação científica do mundo, jazem materiais de ordem sublime, que conquistaremos gradualmente, no esforço de ascensão, representando a parte mais nobre de nosso organismo divino em evolução."

"Não podemos dizer que possuímos três cérebros simultaneamente. Temos apenas um que, porém, se divide em três regiões distintas. Tomemo-lo como se fora um castelo de três andares: no primeiro situamos a "residência de nossos impulsos automáticos", simbolizando o sumário vivo dos serviços realizados; no segundo localizamos o "domicílio das conquistas atuais", onde se erguem e se consolidam as qualidades nobres que estamos edificando; no terceiro, temos a "casa das noções superiores", indicando as eminências que nos cumpre atingir. Num deles moram o hábito e o automatismo; no outro residem o esforço e a vontade; e no último demoram o ideal e a meta superior a ser alcançada. Distribuímos, deste modo, nos três andares, o subconsciente, o consciente e o superconsciente. Como vemos, possuímos, em nós mesmos, o passado, o presente e o futuro". (*No Mundo Maior* – André Luiz–cap. 3).

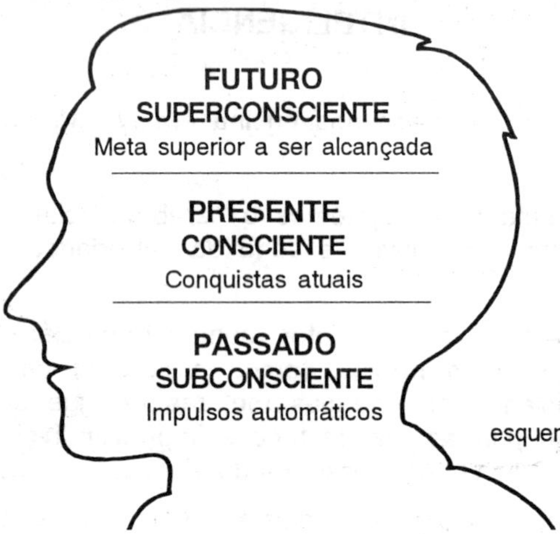

esquema ilustrativo

Comparando nosso cérebro com um castelo de três andares, Calderaro nos informa que no primeiro simbolizamos o nosso passado, com todo o arquivo de nossas experiências anteriores. É o nosso subconsciente.

No segundo está o nosso presente, onde estamos trabalhando atualmente para a construção de nosso futuro. É o nosso consciente.

No terceiro está o ideal, a meta superior a ser alcançada, o nosso futuro, a herança Divina que nos cabe conquistar.

Percebemos, pois, que o homem, Espírito eterno que é, traz, em si mesmo, o *PASSADO*, o *PRESENTE* e o *FUTURO*.

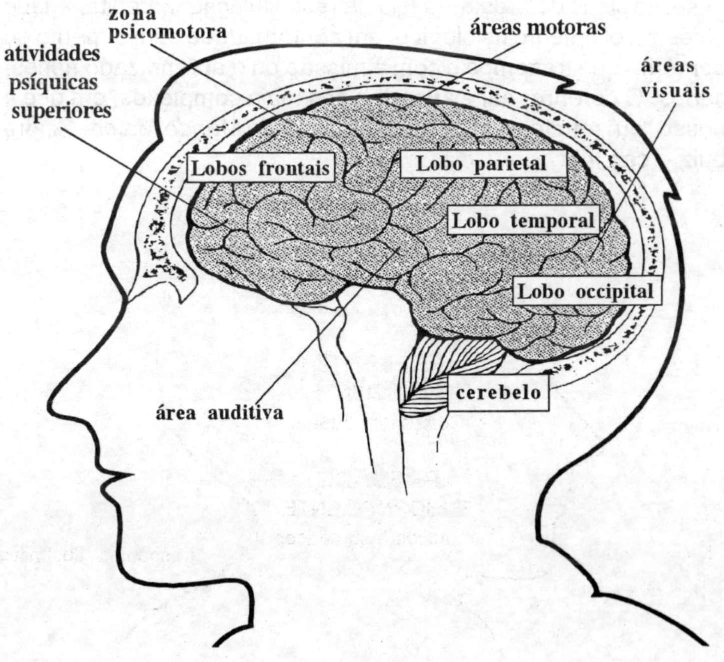

André Luiz nos revela que o órgão perispiritual do ser humano (referindo-se ao cérebro) permanece adeso à duplicata física. As conquistas do Espírito, efetuadas através do corpo físico, são conservadas pelo perispírito e transformadas em patrimônio eterno do Espírito.

"– Estamos diante do órgão perispiritual do ser humano, adeso à duplicata física, da mesma forma que algumas partes do corpo carnal têm estreito contacto com o indumento. Todo o campo nervoso da criatura constitui a representação das **potências perispiríticas**, vagarosamente conquistadas pelo ser através de milênios e milênios. Em renascendo entre as formas perecíveis, nosso corpo sutil, que se caracteriza, em nossa esfera menos densa, por extrema leveza e extraordinária plasticidade, submete-se, no plano da Crosta, às leis de recapitulação, hereditariedade e desenvolvimento fisiológico, em conformidade com o mérito ou demérito que trazemos e com a missão ou o aprendizado necessários. O cérebro real é aparelho dos mais complexos, em que o nosso "eu" reflete a vida." (grifo nosso) (*No Mundo Maior* – André Luiz – cap. 4)

4
A CONSTRUÇÃO DE SI MESMO

Calderaro, plenamente identificado com *O Livro dos Espíritos,* que nos ensina que trazemos em nós o germe da perfeição e em perfeita sintonia com Jesus que afirmou "O Reino dos Céus está dentro de vós", nos afirma também, que o homem possui o futuro em si mesmo , o ideal, a meta superior a ser alcançada. Chega mesmo a afirmar que tal futuro se localiza nos lobos frontais de nosso cérebro e que representa a conquista futura do Espírito eterno.

No entanto, esse futuro, herança divina recebida do Criador, deverá ser conquistado pelo próprio Espírito, através de seu esforço pessoal.

A sabedoria Divina nos fornece o estímulo e a energia que fortalece nossa vontade, mas não nos desobriga do esforço pessoal.

As necessidades da vida presente levam o Espírito a agir, desenvolvendo gradativamente sua potencialidade futura, valendo-se das aquisições do passado.

Temos que trabalhar nossas conquistas do passado para a conquista de nosso futuro. Ampliamos as faculdades e as virtudes adquiridas e transformamos, gradativamente, nossos impulsos inferiores, canalizando nossas energias para o bem.

Não podemos estacionar no passado, correndo o risco de mergulharmos nos impulsos e tendências anteriores. Tampouco podemos viver o presente de forma mecânica, sem consultar nosso passado e traçar metas para o futuro, pois viveríamos mecanicamente, sem evoluir. Da mesma forma, Calderaro nos adverte, através de André Luiz, que também existe perigo em vivermos apenas na contemplação das noções superiores sem edificações, sem trabalho.

É indispensável valermo-nos das conquistas passadas para, através do esforço e do trabalho no presente, amparado no ideal superior elevado e nobre, construirmos gradativamente nosso futuro.

"Nervos, zona motora e lobos frontais, no corpo carnal, traduzindo impulsividade, experiência e noções superiores da alma, constituem campos de fixação da mente encarnada ou desencarnada. A demora excessiva num desses planos, com as ações que lhe são conseqüentes, determina a destinação do cosmo individual . A criatura estacionária na região dos impulsos perde-se num labirinto de causas e efeitos, desperdiçando tempo e energia; quem se entrega, de modo absoluto, ao esforço maquinal, sem consulta ao passado e sem organização de bases para o futuro, mecaniza a existência, destituindo-a de luz edificante; os que se refugiam exclusivamente no templo das noções superiores sofrem o perigo da contemplação sem as obras, da meditação sem trabalho, da renúncia sem proveito.

Para que nossa mente prossiga na direção do Alto, é indispensável se equilibre, valendo-se das conquistas passadas, para orientar os serviços presentes, e amparando-se, ao mesmo tempo, na esperança que flui, cristalina e bela, da fonte superior de idealismo elevado; através dessa fonte ela pode captar do plano divino as energias restauradoras, assim construindo o futuro santificante." (*No Mundo Maior* – cap. 4)

Esquema representativo:
O Espírito constrói o próprio futuro.

PASSADO	⟹	**PRESENTE**	⟹	**FUTURO**
BAGAGEM ANTERIOR		**AÇÃO/TRABALHO**		**CONQUISTAS NOVAS**

O Espírito está, pois, construindo o seu próprio futuro. Jesus já anunciara tal preceito há dois mil anos: "A cada um segundo as suas obras".

O processo evolutivo é, pois, um processo gradual de desenvolvimento das potencialidades da alma, partindo sempre de onde a alma estava para um ponto imediatamente acima, sem dar saltos, de forma natural e gradativa.

Os estímulos exteriores vão acordando gradativamente as potências já desenvolvidas no passado. É necessário, pois, acompanhar o desenvolvimento natural e progressivo da criança, oferecendo-lhe os estímulos necessários, não somente para "acordar" o potencial que se encontra temporariamente "adormecido", corrigir impulsos mal direcionados, como também para desenvolver, a partir daí, as demais potências da alma.

Com o trabalho do *PRESENTE,* o Espírito constrói o seu *FUTURO.*

EDUCAÇÃO DO ESPÍRITO

A evolução do Espírito ocorre através do trabalho constante e gradativo dele mesmo.

Não evoluímos apenas acumulando conhecimentos teóricos. É preciso vivenciar as próprias experiências, transformar nossos impulsos e tendências e ampliar nossas faculdades superiores.

Evolução é mudança constante, cada vez um pouco mais para frente e para cima.

No *PRESENTE* estamos construindo nosso *FUTURO*, mas toda construção do *PRESENTE* depende do que já construímos em nosso *PASSADO*. A natureza não dá saltos.

Em todo processo de aprendizagem criamos estruturas mentais novas, de acordo com aquilo que estamos querendo assimilar.

Somente conseguimos criar estas novas estruturas quando ocorre uma mudança interior e nos adaptamos ao novo ensinamento.

Assim, o Cristão somente estará aprendendo o Evangelho de Jesus à medida em que vai mudando a si mesmo, acomodando as suas estruturas interiores aos ensinamentos novos que está querendo assimilar.

Resumindo, não basta saber de cor os ensinamentos do Cristo. É preciso interiorizar esses ensinamentos nas estruturas profundas do Espírito, para que venhamos a viver conforme esses mesmos ensinamentos. Não basta saber, é preciso ser.

5

O DESENVOLVIMENTO DA INTELIGÊNCIA SEGUNDO PIAGET

Jean Piaget através, de suas experiências com as crianças, demonstra como ocorre o desenvolvimento da inteligência. Traçamos, à frente, um pequeno resumo de alguns aspectos das idéias de Piaget, embora reconhecendo o risco de resumir assunto tão amplo:

Quando experimenta uma **necessidade** (e portanto um desequilíbrio), o indivíduo **age** para restabelecer o equilíbrio, ou seja, readaptar-se.

NECESSIDADE ⇒ AÇÃO ⇒ READAPTAÇÃO

desequilíbrio **reequilíbrio**

Quando o indivíduo age (procedimento), funcionam dois aspectos fundamentais que se interagem: a inteligência e o sentimento, ou seja, o aspecto cognitivo e o afetivo. "Todo procedimento, pois, supõe um aspecto energético ou afetivo e um aspecto estrutural ou cognitivo". (*Psicologia da Inteligência* – cap. I – Jean Piaget)

Em todo procedimento, o indivíduo utiliza as estruturas mentais que já possui, que reagirá com o procedimento presente formando nova estrutura.

Toda nova estrutura é construída pela interação da ação presente (sentimento e inteligência) com as estruturas já existentes, ou seja, já construídas anteriormente.

Piaget acrescenta que este processo de modificação interior, que é um processo de adaptação, ocorre através da assimilação, que consiste na absorção de experiências novas às estruturas interiores e da acomodação que consiste na modificação interior, que acomoda seu funcionamento para adaptar-se às novas experiências.

Toda atividade mental se processa pela assimilação e acomodação em níveis gradualmente crescentes, num avançar progressivo, construindo gradativamente novas estruturas em níveis cada vez maiores, ou seja, partindo do que já se tem dentro de si, constrói-se algo novo em nível um pouco superior.

Esquema representativo:

A criança constrói sua própria inteligência.

ASSIMILAÇÃO

incorporação de experiências novas

ESTRUTURAS INTERIORES → **AÇÃO** → **NOVA ESTRUTURA**

experiências anteriores — ***em nível superior***

ACOMODAÇÃO

mudança interior de acordo com
o que está querendo assimilar

O processo de assimilação e acomodação é constante. A criança passa a assimilar o meio através das experiências, da ação, até o momento em que acomoda suas estruturas interiores às novas experiências, construindo daí, nova estrutura. Essa nova estrutura construída, servirá de base para a construção de outras estruturas, em níveis cada vez mais superiores.

A criança necessita de desafios um pouco acima do estágio em que se encontra para, através do seu próprio esforço, atingir um estágio em nível superior. A criança está, pois, construindo novas estruturas mentais, que passarão a servir de base para a construção de outras estruturas em níveis superiores.

Assim, pois, todo esse funcionamento opera a **distâncias** cada vez maiores no **espaço** (a percepção aumenta cada vez mais) e no **tempo** (em termos de memória e lembrança) e seguem **trajetórias** sempre mais complexas (rodeios e retornos).

O termo "estrutura" se refere à capacidade de realização e não a conteúdos ou meros conhecimentos . Por exemplo: Uma máquina de somar que possua estrutura para somar não fará produtos.

Para que os faça é preciso acrescentar uma nova estrutura que realize essa função. As somas que fizermos com a máquina representam o conteúdo. Podemos realizar novas somas, apagar os resultados da memória da máquina, mas permanece a sua capacidade de fazer somas. Inteligência, pois, não é conhecimento acumulado, mas capacidade de realizações.

6

A TEORIA DE PIAGET E A DOUTRINA ESPÍRITA

As idéias de Piaget possuem muitos pontos em comum com as explicações de Calderaro a André Luiz, citado no livro *No Mundo Maior*:

"Para que nossa mente prossiga na direção do Alto, é indispensável se equilibre, valendo-se das **conquistas passadas**, para orientar os **serviços presentes**, e amparando-se, ao mesmo tempo, na esperança que flui, cristalina e bela, da fonte superior de idealismo elevado; através dessa fonte ela pode captar do plano divino as energias restauradoras, assim **construindo o futuro** santificante." (cap. 4)

Um estudioso da teoria de Piaget poderá contestar tal afirmativa alegando que, para Piaget, o conhecimento é construído durante as interações da criança com o meio, negando o inatismo das idéias.

Segundo Piaget, a inteligência começa a ser construída no período sensório-motor, através de uma ampliação constante de esquemas. Por exemplo, o ato de pegar se desenvolve gradualmente a partir de um mecanismo reflexo inato que, ao funcionar, ampliará este mecanismo, impondo modificações nos movimentos das mãos. A prática de pegar aperfeiçoa a ação de pegar, que é diferente de empurrar, olhar, etc... Assim, podemos falar no esquema pegar, ou na estrutura de uma ação, construída pela própria criança e que se conserva e se consolida pela prática, aplicando-se a situações distintas. Assim, progressivamente, a criança constrói esquemas diversos que se coordenam entre si e são usados em conjunto, majorando e ampliando sua capacidade intelectiva.

A rapidez com que a criança, nos primeiros meses de vida, constrói e coordena esquemas, fazendo surgir novos esquemas, majorados a partir dos anteriores é impressionante.

No entanto, a própria rapidez e perfeição com que toda criança saudável, em meios propícios, constrói de forma tão precisa esquemas que as espécies levaram milhões de anos para construir, nos confirma a idéia de que a ontogênese repete a filogênese, ou seja, o desenvolvimento da criança está repetindo o desenvolvimento das espécies. A criança, pois, está reconstruindo, conforme os estímulos do meio, esquemas já construídos nos milênios de sua escalada evolutiva.

Desta forma, a contradição entre as idéias inatas e a construção da inteligência é apenas aparente, pois ambas se completam para explicar a própria evolução.

Durante a gestação, a energia criadora do Espírito está reconstruindo o corpo biológico, etapa por etapa, recapitulando os milênios de esforço evolutivo.

A partir do nascimento, o Espírito estará habilitando o novo corpo ao seu funcionamento, em consonância com o próprio Espírito. Reconstrói seus esquemas mentais, estrutura por estrutura, a partir dos reflexos inatos que, em verdade, ela reconstruiu durante a gestação.

A respiração através dos pulmões foi construída evolutivamente a partir dos anfíbios. A visão existe em todo o reino animal. O esquema de sucção foi construído a partir dos primeiros mamíferos. O esquema de preensão já existia em certos animais como o esquilo e o macaco.

Assim, nas primeiras fases do período sensório-motor, em poucos meses, a criança reconstrói seus primeiros esquemas, coordenando-os entre si, reconstruindo a noção de objeto, espaço, tempo e causalidade.

Apesar de trazer imensa bagagem evolutiva, o Espírito reconstrói e aperfeiçoa suas estruturas interiores em cada nova encarnação, habilitando seu novo corpo aos poderes do Espírito, aperfeiçoando-os e ampliando-os através de seu esforço interior, interagindo com o meio físico e espiritual. Tudo no Universo é esforço construtivo, tudo caminha para frente e para cima, em busca da perfeição.

A observação nos mostra que os comportamentos sensório-motores são comuns a todos os seres humanos saudáveis. Da mesma forma a capacidade simbólica do pré-operatório é comum a todos, embora apareça empobrecida por falta de estimulação. Todos os seres humanos já venceram essas etapas nos milênios da evolução.

A partir daí, no entanto, surgem diferenças consideráveis no processo de construção de esquemas. A maior ou menor facilidade para certas áreas do conhecimento, as habilidades demonstradas, as tendências e aptidões naturais nos falam das experiências passadas.

Diversas crianças, com a mesma idade, expostas ao mesmo

meio, responderão de formas diferentes, ou seja, a construção ou reconstrução dos esquemas ocorrem com maior ou menor destreza, maior ou menor aptidão, diferentes velocidades, atingindo resultados diferentes, pois os Espíritos passaram por experiências diferentes e possuem diferentes bagagens interiores.

As habilidades que certas crianças demonstram por certas áreas, representam o esforço construtivo vivenciado no passado.

A habilidade demonstrada por Mozart, em tenra idade, é fruto das experiências e dos esforços de vidas anteriores. A genialidade de Einstein foi construída por ele mesmo em vidas passadas. Da mesma forma Da Vinci, Thomas Edison, e todos os demais grandes Espíritos que aqui reencarnaram. O gênio nada mais é do que nosso irmão em estágio evolutivo superior.

*

A Neurologia infantil de nossos dias reconhece que a criança nasce com um potencial neurofisiológico cerebral muito grande. A biologia atual observa os fatores genéticos que propiciam a capacidade de crescer e a aptidão para responder aos estímulos que levam ao aumento progressivo do organismo e à maturação gradual, embora apenas consiga visualizar tais funções como hauridas dos pais, através dos cromossomas das células germinativas.

Compreendemos com a Doutrina Espírita que, ao renascer, o Espírito sofre esquecimento temporário de seu passado, embora suas estruturas mentais continuem ativas, manifestando-se gradualmente, desde o nascimento, em forma de tendências, preferências, habilidades, pendores e propensões, que o Espírito manifesta gradativamente desde tenra idade, como o adulto que não se lembra das aulas recebidas quando pequeno, mas guarda as capacidades adquiridas como somar, subtrair, multiplicar, dividir e outras habilidades que desenvolveu. À medida em que o corpo físico amadurece e interage com o meio, os esquemas mentais já construídos no passado vão sendo ativados, ou reconstruídos, estrutura a estrutura, fazendo-nos perceber o potencial interior do Espírito reencarnante.

Outro exemplo é o da máquina de calcular que, mesmo apagando a memória que registra as operações efetuadas, mantém sua estrutura operativa que lhe permite efetuar novos cálculos, em outras condições, com a ressalva que, no Espírito a memória não se apaga, mas permanece no inconsciente, podendo ser retomada no todo ou em parte quando o Espírito estiver preparado para as recordações ou delas tiver necessidade.

Além da memória em nível inconsciente ou parcialmente consciente, o Espírito eterno está construindo estruturas mentais que jamais se perdem, independente do nível da memória, da lembrança ou do esquecimento das experiências vividas. O termo estrutura mental representa as conquistas necessárias e universais a todo ser humano. Independente da aprendizagem ter ocorrido na França, na Itália ou na Alemanha, a criança se desenvolve e caminha lenta e progressivamente para a perfeição. A perfectibilidade existe em todo ser, mas os meios para desenvolvê-la pode variar imensamente, bem como pode variar o nível e a velocidade da aprendizagem, em função do meio e do próprio indivíduo.

Por exemplo: imaginemos três crianças em lugares diferentes aprendendo matemática. As três estão desenvolvendo o raciocínio lógico matemático, embora passando por experiências diferentes e contando com diferentes professores, diferentes meios, como diferentes são os Espíritos. As recordações das aulas, das experiências, serão diferentes, mas todas terão a oportunidade de desenvolver aquilo que é necessário e universal, neste caso, o raciocínio lógico matemático. Algumas seguirão rapidamente, outras, lentamente, conforme o esforço próprio e conforme o meio, mas todas possuem, dentro de si mesmas, o germe da perfeição que se desenvolverá lenta e progressivamente.

Além das recordações gravadas na memória, que representam as experiências e vivências do Espírito, variando, portanto, de indivíduo para indivíduo, este está construindo estruturas interiores, que são universais e necessárias a todos.

Aí está a justiça e o amor do Pai que oferece aos filhos igual oportunidade, ao mesmo tempo que oferece os meios necessários à elevação de cada um. Daí cada Espírito renascer no meio que lhe é mais propício e necessário ao desenvolvimento de suas qualidades interiores.

Sem dúvida, a Doutrina Espírita apresenta enorme similitude com as atuais idéias no campo da educação. Todo o movimento construtivista, que se apóia na teoria de Piaget e que cresce nos últimos anos, reformulando a educação em todo o mundo, tem enormes pontos de contato com a Doutrina Espírita, especialmente com as idéias que Calderaro nos apresenta através de André Luiz.

Ao reconhecer a criança como Espírito reencarnado, que traz dentro de si enorme bagagem construída no passado e, ao mesmo tempo, traz em si o germe da perfeição, o campo de pesquisa e trabalho na área da educação se estenderá de maneira fantástica. Muitos pontos obscuros, ainda, encontrarão luz tão forte e brilhante que ampliará, consideravelmente, a ação educativa.

Naturalmente, falamos apenas da área em que militamos, mas é óbvio que a luz da Doutrina Espírita clareará todas as áreas do conhecimento humano: a medicina, a psicologia, a sociologia e especialmente o coração do homem que passará a vibrar cada vez mais em sintonia com o Pai.

7
VYGOTSKY E A ZONA DE DESENVOLVIMENTO PROXIMAL

Vygotsky denomina a capacidade de realizar tarefas de forma independente de nível de desenvolvimento real, que determina até onde a criança já chegou, ou seja, as etapas já conquistadas pela criança.

No entanto, a criança poderá ir um pouco mais além, ou seja, desempenhar tarefas em nível mais avançado com a ajuda de adultos ou de companheiros mais capazes. Contudo, não é qualquer criança que pode, com a ajuda de outros, realizar qualquer tarefa. A capacidade de realizar determinada tarefa com a ajuda de outros ocorrerá dentro de um certo nível de desenvolvimento, não antes. Por exemplo: "Uma criança de cinco anos pode ser capaz de construir uma torre de cubos sozinha; uma de três anos não consegue construí-la sozinha, mas pode conseguir com a assistência de alguém; uma criança de um ano não conseguiria realizar essa tarefa, nem mesmo com ajuda. Uma criança que ainda não sabe andar sozinha só vai conseguir andar com a ajuda de um adulto que a segure pelas mãos a partir de um determinado nível de desenvolvimento. Aos três meses de idade, por exemplo, ela não é capaz de andar nem com ajuda." (*Vygotsky*, de Marta Kohl de Oliveira – cap. 4)

É a partir desses dois níveis de desenvolvimento: real e potencial que Vygotsky define a zona de desenvolvimento proximal: "Ela é a distância entre o nível de desenvolvimento real, que se costuma determinar através da solução independente de problemas, e o nível de desenvolvimento potencial, determinado através da solução de problemas sob a orientação de um adulto ou em colaboração com companheiros mais capazes" (*A Formação Social da Mente* – L.S.Vygotsky, item 6, pg. 97 da 4.ed.brasileira)

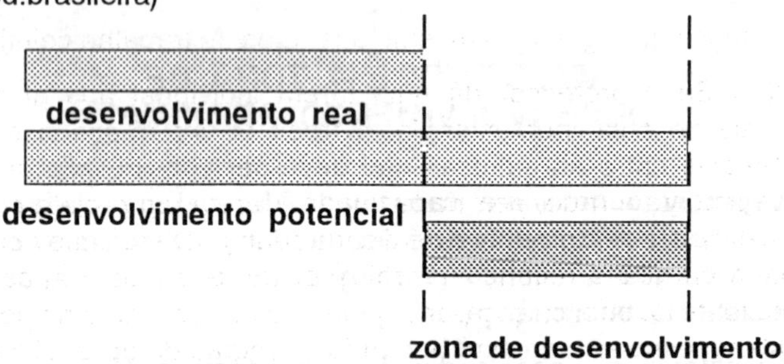

Se bem analisarmos, encontraremos grande semelhança entre a zona de desenvolvimento proximal de Vygotsky e a construção da inteligência proposta por Piaget. Em verdade, o desenvolvimento real pressupõe a existência de estruturas anteriores, onde através da interação com o meio (objeto de conhecimento, qualquer coisa que me sirva para conhecer pessoas, sentimentos, pensamentos, etc...) o indivíduo constrói estruturas novas.

A INTERAÇÃO ENTRE OS EDUCANDOS

Dentro da mesma linha de pensamento, ao trabalharmos com grupos heterogêneos, uma criança poderá auxiliar a outra. Da mesma forma que o adulto, a criança pode ser medianeira (mesmo inconsciente), despertando o interesse e a vontade do companheiro.

As escolas de Pestalozzi, principalmente em Yverdon, se caracterizavam pela utilização das próprias crianças como "monitoras", auxiliando o aprendizado de outras.

As atividades de cooperação lembradas por Piaget, propiciam esta interação, onde uma criança auxilia a outra dentro de sua habilidade.

Vemos em Vygotsky o mesmo destaque ao trabalho coletivo:

"(...) Se o professor dá uma tarefa individual aos alunos em sala de aula, por exemplo, a troca de informações e de estratégias entre as crianças não deve ser considerada como procedimento errado, pois pode tornar a tarefa um projeto coletivo extremamente produtivo para cada criança. Do mesmo modo, quando um aluno recorre ao professor (ou aos pais, em casa) como fonte de informação para ajudá-lo a resolver algum tipo de problema escolar, não está burlando as regras do aprendizado, mas, ao contrário, utilizando-se de recursos legítimos para promover seu próprio desenvolvimento." (*Vygotsky*, de Marta Kohl de Oliveira – cap. 4)

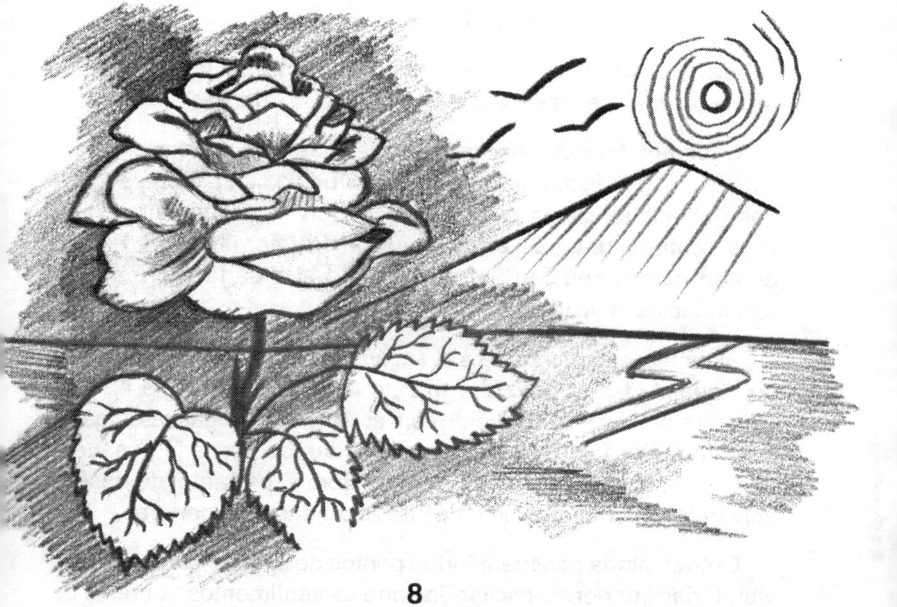

8
O DESENVOLVIMENTO MORAL

Já vimos que o homem traz em si mesmo o germe da perfeição, tanto intelectual como moral. O senso moral existe em todas as criaturas, em estado latente:

"Todas as faculdades existem em estado rudimentar ou latente. Elas se desenvolvem conforme as circunstâncias lhes são mais ou menos favoráveis." (*O Livro dos Espíritos* – Pgta.754)

Na mesma questão ainda temos que o senso moral existe, em princípio, em todos os homens. "Ele existe (o senso moral), pois, no selvagem, mas está como o princípio do perfume está no germe da flor, antes dela desabrochar."

Sabemos que cada Espírito se encontra em determinado grau evolutivo, trazendo, ao reencarnar, suas próprias tendências, impulsos e emoções que se manifestam gradativamente conforme o amadurecimento dos órgãos.

Sabemos também que as experiências por que passa nesta existência, desde a mais tenra idade e tudo o que acontece à sua volta vai influenciar a criança positiva ou negativamente. Cada uma, contudo, reagirá a essa influência de determinada forma, de acordo com o seu "eu" interior, com a sua bagagem, com as experiências já vividas no passado.

Algumas, em estágio mais avançado, já desenvolveram apreciáveis qualidades superiores, trazem equilíbrio interior e não se deixam envolver tão facilmente com as vibrações negativas. Ligamse com maior facilidade às vibrações superiores e já possuem ótimas condições de trabalharem no Bem e, portanto, de desenvolverem com maior facilidade suas qualidades superiores.

Outras, ainda possuem fortes pontos de ligação com as faixas vibratórias inferiores, oscilando entre os sentimentos nobres e os desejos inferiores. Já possuem condições de trabalharem no Bem, mas ainda encontram dificuldades para se desvencilharem dos laços inferiores. Encontram, pois, maior dificuldade em desenvolver as qualidades superiores.

Outras permanecem ainda envolvidas nas faixas inferiores, nutrindo sentimentos negativos de revolta, ódio, vingança, etc... Mesmo que tais sentimentos estejam "adormecidos" nos primeiros anos de vida, virão à tona no amadurecer dos órgãos e quando algum estímulo externo os atrair. Mesmo inconscientes, os sentimentos inferiores agem sobre a forma de manifestação do Espírito, que pode estacionar nos impulsos inferiores, necessitando de maiores cuidados, de maior auxílio, para que possa se desvencilhar, pouco a pouco, de tais sentimentos.

Assim, cada criança possui características, tendências e inclinações próprias. Contudo, todos os Espíritos, sem exceção, possuem dentro de si o germe da perfeição, qualidades superiores e sentimentos nobres à espera de serem desenvolvidos através do esforço próprio. Alguns trabalham ativamente na construção de seu próprio futuro, outros estacionam no orgulho e na vaidade, ou no ódio e na vingança, impedindo o desenvolvimento dos sentimentos nobres ou criando bloqueios aos bons sentimentos já desenvolvidos anteriormente.

Portanto, a criança que temos à nossa frente, é este Espírito eterno, comprometido com um passado que desconhecemos, dono de uma bagagem de experiências vividas em milênios, trazendo compromissos assumidos com seu passado, mas ao mesmo tempo, herdeiro de um patrimônio divino, porque acima de tudo é filho de Deus.

9
O DESENVOLVIMENTO MORAL E PIAGET

Jean Piaget, em seu livro *O Julgamento Moral na Criança* (pg.170), chegou à conclusão que existem duas fases morais, que se sucedem, sem todavia constituir estágios propriamente ditos: A moral **HETERÔNOMA** e a moral **AUTÔNOMA**, caracterizando grandes fases do desenvolvimento moral. Piaget define ainda que a criança pequena (até os 4 ou 5 anos) encontra-se em uma fase *pré-moral*, caracterizada pela **ANOMIA,** coincidindo com o "egocentrismo" infantil.

Na fase da moralidade heterônoma, os deveres são vistos como externos, impostos coercitivamente e não como obrigações elaboradas pela consciência. O Bem é definido como o cumprimento da ordem, como a observância da regra. As ordens e regras devem ser cumpridas ao pé da letra. A norma não pode nem ser transgredida nem relativizada por interpretações flexíveis. A responsabilidade pelos atos é avaliada de acordo com as conseqüências objetivas das ações e não pelas intenções.

Na moralidade autônoma, o indivíduo adquire a consciência moral, onde os deveres e regras são cumpridos, mas com consciência de sua necessidade e significação. O indivíduo age com plena consciência do que está fazendo e por quê o faz. A responsabilidade pelos atos é proporcional à intenção e não apenas pelas conseqüências do ato. A veracidade se torna requisito para o respeito e a simpatia mútuas. A reciprocidade é um elemento da autonomia moral.

Para Piaget, o problema da educação moral é paralelo ao da educação intelectual.

É necessário formar uma consciência moral, ou seja, desenvolver no indivíduo a própria consciência moral, conduzindo-o da fase heterônoma a uma autonomia moral. Para isso será necessário um meio social alicerçado na colaboração e não na submissão, uma atmosfera social constituída de afeição e de liberdade; não de cega obediência, mas de responsabilidade livremente assumida. Piaget considera que a autoridade do adulto por si só não pode ser fonte de justiça, pois o desenvolvimento da justiça supõe a autonomia. O adulto deve praticar a reciprocidade com a criança e pregar com o exemplo e não apenas com palavras. Somente com o respeito mútuo, as relações serão formadoras de valores morais. Somente um meio social onde as crianças são levadas à colaboração entre si, descobrindo as próprias regras de convivência, sentindo a real necessidade dos deveres assumidos, construindo uma disciplina autônoma, será capaz de conduzir a uma educação da personalidade moral.

Da mesma forma que o aluno pode recitar a sua lição sem que a compreenda e substituir a atividade racional pelo verbalismo, assim também a criança obediente pode ser um Espírito submetido a um conformismo exterior, mas que não se apercebe "de fato" nem do alcance real das regras às quais obedece, nem da possibilidade de adaptá-las ou de construir novas regras em circunstâncias diferentes. O alcance educativo do respeito mútuo e dos métodos baseados na organização social espontânea e consciente das crianças entre si é precisamente o de possibilitar-lhes que elaborem uma disciplina, cuja necessidade é descoberta na própria ação, ao invés de ser recebida inteiramente pronta antes que possa ser compreendida. Nisso é que os métodos ativos prestam o mesmo serviço insubstituível, tanto na educação moral, quanto na educação da inteligência: o de levar a criança a construir, ela própria, os instrumentos que a irão transformar, partindo do interior, de forma real e não apenas superficial.

Assim, as atividades de cooperação, num ambiente de respeito mútuo, embasado na afetividade, auxiliarão a criança no longo processo de descentração, conduzindo-a gradativamente da heteronomia para a autonomia moral.

Devemos compreender que as atividades de cooperação não aceleram o processo de descentração. Não se deve acelerar o processo de germinação da semente. Tudo segue um ritmo normal de crescimento e desenvolvimento. Mas é necessário propiciar condições para que a semente germine. Assim, as atividades de cooperação e respeito mútuo propiciam condições para que a descentração ocorra.

Esquema representativo:

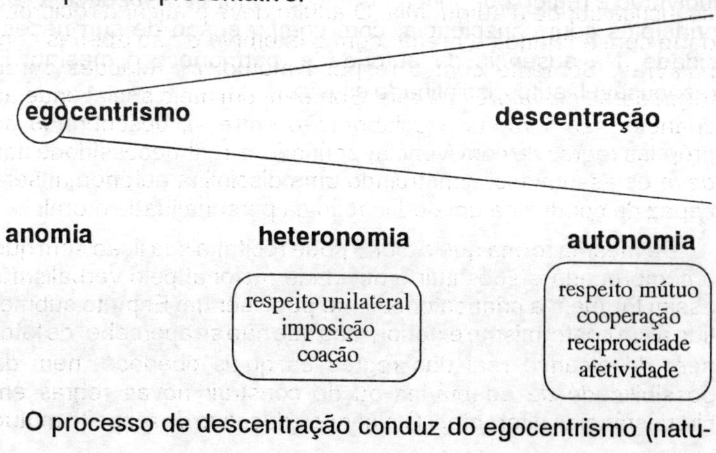

O processo de descentração conduz do egocentrismo (natural na criança pequena) caracterizado pela anomia, à autonomia moral e intelectual.

O próprio Piaget nos confirma que a passagem da anomia para a autonomia não constitui estágios propriamente ditos. Podemos pois encontrar adultos em plena fase de anomia. Citamos abaixo algumas características das fases de anomia, heteronomia e autonomia, para nossa melhor compreensão:

Anomia (a: negação, nomia: regra, lei): Não há regras. Indivíduo não respeita as leis, pessoas, normas. A ausência ou presença da autoridade lhe é indiferente.Característica do indivíduo anti-social, desequilibrado emocionalmente e desajustado socialmente: tendência à delinqüência, ao sexo desenfreado.

Heteronomia (a lei vem do exterior, do outro): O indivíduo obedece as normas por medo da punição. Na ausência da autoridade ou do elemento punitivo, ocorre a desordem, a indisciplina. Socialmente falando, o indivíduo tende a ser medroso, individualista, "dedo-duro".

Autonomia (Capacidade de se governar por si mesmo): O indivíduo é regido por princípios éticos e morais. Obedece a tais princípios com consciência, com compreensão de sua necessidade. Na ausência da autoridade, permanece o mesmo. É responsável, auto-disciplinado e justo.

10

O DESENVOLVIMENTO MORAL E PESTALOZZI

Pestalozzi continua sendo o "grande desconhecido" dos educadores atuais.

No entanto, suas idéias e seu exemplo de vida são de profunda importância para todos os educadores. Pestalozzi continua atual, pois seus princípios revelam a verdadeira natureza da educação e, como a verdade, se mantêm sempre.

Em sua visão extraordinária, Pestalozzi via o homem criado por Deus, que trazia em seu íntimo um conjunto de qualidades e poderes herdados do Criador. A educação é o desenvolvimento natural e progressivo desses poderes e faculdades que todos possuem.

Em sua última obra, *O Canto do Cisne* (tradução em espanhol por José Mallart – 1927), Pestalozzi procura rever de forma resumida as suas idéias pedagógicas. Dela destacamos:

"O olho quer ver, o ouvido ouvir, o pé quer andar e a mão agarrar. Da mesma forma o coração quer crer e amar e o espírito quer pensar. Existe em cada um dos dotes da natureza humana um impulso que os faz elevar do estado elementar primitivo ao de adaptabilidade e perfeição. O inculto que ainda existe em nós é apenas um germe em estado potencial e não a verdadeira potencialidade."

Revivendo Jesus, quando se referiu que o "Reino dos Céus está dentro de vós", Pestalozzi, de forma intuitiva, antecipando a própria Doutrina Espírita, percebeu o Espírito por trás do corpo material das crianças e todo o potencial que existe em germe dentro de cada um.

Os estímulos do meio despertam o potencial latente que já existe em forma de germe em cada ser humano. A inteligência, o sentimento e a vontade constituem os elementos básicos de nosso potencial interior.

Em *Como Gertrudes Ensina Seus Filhos* (tradução em espanhol por Lorenzo Luzurriaga – 1927), destacamos:

"É indiscutível que a mania de palavras e livros, que tem absorvido tudo em nossa instrução popular, chegou tão longe que não podemos permanecer por muito tempo como estamos. Tudo me faz acreditar que o único meio de sair deste caos civil, moral e religioso, é abandonar a superficialidade, a fragmentação e a presunção de nossa instrução popular, e reconhecer a intuição como a verdadeira fonte do conhecimento".

O termo intuição tem sido interpretado de muitas maneiras, o que pode gerar equívocos. Compayré nos diz que, para Pestalozzi, "intuição não é somente a percepção externa dos sentidos. A intuição estende-se às experiências da consciência interna, aos sentimentos e às emoções tanto quanto às sensações."

Pode-se dizer que a intuição é uma visão interior e imediata do Espírito, englobando a intuição intelectual quando o Espírito percebe a verdade, uma intuição moral quando a consciência percebe o que é bem e o que é mal e uma intuição sensível quando os sentidos percebem os objetos do meio.

Ao definir sua concepção de educação, Pestalozzi confronta, como fez Rousseau, as práticas educativas em voga com o desenvolvimento natural das crianças:

"Uma educação perfeita é para mim simbolizada por uma árvore plantada perto de águas fertilizantes. Uma pequena semente que contém o germe da árvore, sua forma e suas propriedades, é colocada no solo. A árvore inteira é uma cadeia ininterrupta de partes orgânicas, cujo plano existia na semente e na raiz. O homem é como a árvore. Na criança recém-nascida estão ocultas as faculdades que lhe hão de desdobrar-se durante a vida, os órgãos do seu ser gradualmente se formam, em uníssono, e constroem a humanidade à imagem de Deus. A educação do homem é um resultado puramente moral. Não é o educador que lhe dá novos poderes e faculdades, mas lhe fornece alento e vida. Ele cuidará apenas de que nenhuma influência desagradável traga distúrbios à marcha do desenvolvimento da natureza. Os poderes morais, intelectuais e práticos do homem devem ser alimentados e desenvolvidos em si mesmo e não por sucedâneos artificiais. Deste modo, a fé deve ser cultivada pelo nosso próprio ato de crença, e não com argumentos a respeito da fé; o amor, pelo próprio ato de amar, não por meio de palavras a respeito do amor; o pensamento pelo nosso próprio ato de pensar, não por mera apropriação dos pensamentos de outros homens, e o conhecimento pela nossa própria investigação, não por falações intermináveis sobre os resultados da arte e da ciência".

Por estas palavras de Pestalozzi, percebemos que o grande educador enxergava claramente o ser Espiritual, o Filho de Deus, o "Reino dos Céus" dentro de cada um: este conjunto de poderes e faculdades já existe dentro do homem, como a semente guarda em si mesma as qualidades da árvore adulta. Educação é o processo pelo qual esses poderes e qualidades se desenvolvem e vêem à tona, como a semente que se desenvolve e ressurge a árvore esplêndida, com suas flores e frutos.

Educação é, portanto, "**o desenvolvimento natural, progressivo e harmonioso de todos os poderes e faculdades do ser**".

Mas esta educação não ocorre por meio de palavras e aulas frias.

O amor se desenvolve pelo próprio ato de amar, o pensamento pelo próprio ato de pensar, enfim, a criança aprende, ou seja, o Espírito evolui vivendo, sentindo, agindo, participando das experiências naturais da vida, vivendo um ambiente estimulador de suas qualidades interiores.

Qual a semente plantada perto de águas fertilizantes, a criança em um ambiente adequado, verá germinar suas qualidades superiores. As águas fertilizantes representam as criaturas que lhe cercam, os pais, professores, amigos, as atividades e o ambiente geral que lhe cerca de vibrações estimulantes das qualidades superiores. Recebendo o estímulo superior, suas qualidades superiores acordam, ressurgindo do estado de latência e imprimindo-se no Espírito para sempre.

O DESENVOLVIMENTO MORAL

No que se refere ao desenvolvimento moral, suas idéias são semelhantes às de Piaget e nos fazem lembrar Kant. Mas vão muito além, ao identificar o germe de toda a potencialidade e ao entrar no campo fantástico do sentimento e da vibração.

Para Pestalozzi, a moral é o fim supremo da educação, pois o homem é um ser essencialmente moral. E é essencialmente moral porque possui, dentro de si mesmo, o germe desta moral, a essência Divina.

Em sua obra *Minhas Investigações sobre a Marcha da Natureza no Desenvolvimento do Gênero Humano* (tradução em espanhol por Lorenzo Luzurriaga-1931 – vide também Hubert, História da Pedagogia), Pestalozzi cita três estados ou etapas do desenvolvimento moral do homem. Tais estados correspondem às camadas da psique humana.

O **ESTADO NATURAL** ou **PRIMITIVO**: corresponde à sua natureza animal, aos impulsos instintivos de sobrevivência e dominação, procurando satisfazer suas necessidades básicas. Neste estado o homem é egoísta por natureza. Tal é a infância da humanidade, o estado primitivo do homem, que ainda persiste dentro de nós. Por essa razão o homem é suscetível de se corromper.

O **ESTADO SOCIAL**, que corresponde à moral social, à lei social, ao que se aprende na sociedade. Por necessidade criou-se a sociedade, o governo, as leis, para coibir a manifestação dessa animalidade e garantir ao homem (ainda na animalidade) a satisfação de seus próprios prazeres, mas de maneira mais segura, onde o outro é obrigado a lhe respeitar o espaço.

Embora apenas no sentido de coibir uma manifestação animal em benefício da própria animalidade, ainda assim é um primeiro exercício de auto-superação.

No entanto, para Pestalozzi, a lei humana, a moral social, não transforma os instintos básicos do homem. Apenas coíbe, impede sua manifestação. A sociedade, por isso, é um estado de fragilidade. Está sujeita ao banditismo, ao terrorismo, à delinqüência, pois a animalidade está apenas reprimida, mas não transformada. A qualquer momento se manifesta, em forma de banditismo, de uma revolução sangrenta, em forma de delinqüência individual ou provocando neuroses individuais ou envenenamento, como diz Pestalozzi.

Nesse sentido, Pestalozzi antecipa Sigmund Freud (1856-1939).

Mas o homem não é apenas um ser ANIMAL e um ser SOCIAL. Antes, acima e além de tudo ele é um ser ESPIRITUAL, é um ser MORAL.

O **ESTADO MORAL**: Como ser ESPIRITUAL, somos herdeiros do Criador e temos o Reino Divino dentro de nós, nos diz Pestalozzi, relembrando o Evangelho de Jesus.

Ao atingir o ESTADO MORAL ele é capaz de trabalhar seus instintos animais, transformá-los, canalizar essa força num sentido positivo e é capaz de construir sua própria moral, sem necessidade de uma moral externa a lhe dirigir os passos. A moral não vem de fora, de uma religião ou de um governo. A moral passa a ser interior, íntima, do próprio indivíduo. Ele é autônomo moralmente, é livre moralmente.

Facilmente podemos identificar os estados citados por Pestalozzi com as fases morais de Piaget: A fase de ANOMIA corresponde ao ESTADO NATURAL ou PRIMITIVO, a fase de HETERONOMIA corresponde ao ESTADO SOCIAL ou moral social e a fase de AUTONOMIA corresponde ao ESTADO MORAL.

Mas como atingir esse estado moral, esse ser Divino que dorme em todos os homens?

Pestalozzi nos fala do amor, que é a base sobre a qual se assenta toda a sua pedagogia, entrando no campo deslumbrante do sentimento.

Através da vibração, do impulso de alguém que se descobriu como ser Divino, que é um ser moral, ou seja, aquele que já trabalhou com suas camadas íntimas, com seus próprios instintos e os elevou ao nível do amor, e sente dentro de si essa emanação Divina, este é capaz de despertar no educando o amor que aquele já possui em si mesmo. O educador contagia, desperta essa essência que se encontra em estado latente.

Mas é a partir do momento em que o educando descobre essa emanação Divina em si mesmo, que ele se descobre como filho e herdeiro de Deus é que começa a trabalhar suas camadas interiores, até se tornar um ser MORAL por excelência.

O papel do educador é despertar essa essência Divina no educando, para que ele, uma vez consciente de si mesmo, possa se modificar, trabalhar consigo mesmo e não ser governado ou dirigido. O educador acende a centelha ou desencadeia um processo através do qual o educando vai atingir a sua AUTONOMIA MORAL, O ESTADO MORAL.

*

Pestalozzi antecipou a educação do Espírito. É pois, o precursor desta educação que ressurge na Doutrina Espírita, a verdadeira educação, por ser a educação do Espírito, a educação que atinge as qualidades interiores, que faz despertar o Reino dos Céus, este conjunto de qualidades superiores que todas as criaturas de Deus possuem dentro de si, sem exceção de uma só. Não é sem razão que ele foi o professor de Denizard Rivail, ou seja, Allan Kardec.

*

Pestalozzi colocava a criança em contato direto com as coisas, com o ambiente natural, com a natureza. O propósito era analisar os conhecimentos como se apresentavam naturalmente à atenção da criança, por um processo de observação ou impressão dos sentidos. Esses elementos do conhecimento eram desenvolvidos em séries progressivas de exercícios quase imperceptivelmente graduados, em cadeia contínua. Tais exercícios se baseavam sempre na lição das coisas, na natureza e não em artifícios sem sentido para a criança.

"É na própria natureza do homem que cumpre procurar as leis

de sua cultura. O desenvolvimento da natureza humana está sujeito ao império das leis naturais e essas leis se exercem harmoniosamente, isto é, desenvolvem todas as faculdades a um tempo, insensivelmente, por pequenas progressões lentas, às quais a pedagogia deve ajustar-se. Ademais, a natureza não se desenvolve senão pelo exercício, o qual supõe objetos sobre os quais as faculdades ajam; a observação, a intuição das coisas é, pois, o princípio de toda educação. Enfim, tudo deve estar ligado na educação; os conhecimentos novos devem repousar nas noções já adquiridas, assim como no organismo de um animal os acrescentamentos novos se ligam a órgãos ou a germes preexistentes". (Compayré, *Hist. doct. éduc.* II, 108 in Hubert, *História da Pedagogia*).

Mais tarde, Piaget, também se utilizando da biologia, demonstra que o conhecimento é construído a partir de estruturas mentais existentes, construindo-se novas estruturas através da assimilação do meio e da acomodação do próprio organismo ao novo conhecimento, num avançar progressivo e contínuo. Percebemos na *Encyclopédie Française*, citada à frente, que Piaget conhecia Pestalozzi em profundidade.

O objetivo desses exercícios não era, para Pestalozzi, o mero conhecimento dos objetos, mas o desenvolvimento integral de todas as faculdades da criança.

O fim principal da educação não é ministrar conhecimento ao aluno, mas desenvolver os poderes interiores que ele já possui.

Pestalozzi, indo mais fundo que o autor de Émile, "admite que a criança possui, em **germe**, tanto a **razão** como os **sentimentos morais**, desde a mais tenra idade. Eis por que acabou retornando (à parte as idéias fecundas sobre o interesse, o exercício e a atividade) às noções correntes da criança a conter em si todo o adulto e às do preformismo mental." (Piaget, *Encycl. Française*, 15'26-56) (grifo nosso)

UM SER INDIVIDUAL INSERIDO NA SOCIEDADE

Cada criança é um ser em especial, com características próprias. Os professores em Yverdon chegavam a anotar diariamente observações acerca do desenvolvimento psíquico dos alunos. Mas ao mesmo tempo em que respeita a individualidade da criança, destaca o aspecto social de toda educação. Indo além de Rousseau, Pestalozzi afirma, conforme citação de Piaget: "A escola é uma verdadeira sociedade, na qual o senso das responsabilidades e as normas de cooperação bastam para educar a criança, sem que seja preciso, para evitar os constrangimentos nocivos ou tudo quanto a emulação comporte de perigoso, isolar o aluno no individualismo". Mais ainda, o fator social intervém no plano da educação intelectual tanto quanto no domínio moral: como Bell e Lancaster, Pestalozzi havia organizado uma espécie de ensino mútuo tal, que os alunos se ajudavam uns aos outros em suas investigações.(Piaget, in *Encycl.Française,* 15'26, 5a.)

O próprio Piaget "bebeu" na fonte fecunda das idéias de Pestalozzi, lendo e comentando suas obras.

CARTA DE STANZ

Em 1799, Pestalozzi abre um orfanato em STANZ, dedicando-se de corpo e alma aos órfãos. Seguem, à frente trechos de sua famosa Carta de Stanz, que vale a pena ler e que poderão nos auxiliar na compreensão das idéias de Pestalozzi. O leitor interessado poderá encontrá-la completa, traduzida em português, na obra *Pestalozzi e a Educação Contemporânea*, do Prof. Luciano Lopes, Editora Associação Fluminense de Educação, ou em francês – *Lettre de Stans* de Pestalozzi, tradução de Michel Soëtard – Centre de documentation et recherce Pestalozzi.

"Estava persuadido de que minha afeição mudaria o espírito dos meus alunos tão prontamente como o sol da primavera vivifica a terra amortecida pelo inverno. Não me enganava: antes mesmo

que o sol da primavera chegasse a derreter a neve de nossas montanhas já as minhas crianças se mostravam inteiramente diferentes.(...)

"Abri o orfanato tendo como auxiliar só uma servente. Tinha eu não só que ensinar às crianças, mas também de cuidar de todas as suas necessidades físicas. (...)

"A força do educador deve ainda ser, como a de pai, estimulada pelas circunstâncias gerais da vida doméstica.

"Tais as idéias sobre as quais construí meu plano de educação. Determinei que não haveria um minuto do dia em que as crianças não estivessem conscientes da minha presença, que meu coração lhes pertencia, que sua felicidade era a minha felicidade e que seus prazeres eram o meu prazer. O homem prontamente aceita o que é bom e prontamente a criança lhe dá atenção. Mas não é por sua causa, mestre e educador, que a criança quer o bem: ela o quer por si mesmo. O bem para o qual você quer guiá-la não deve depender de seu sentimento ou capricho. Deve ser um bem em si mesmo, pela natureza das coisas e que a criança mesma o reconheça como tal. Antes de esperar que ela obedeça a sua vontade, deve sentir a relação dela com as coisas de que necessita para o seu conforto. Tudo aquilo que ela faz com prazer, qualquer ação que aumente a confiança em si mesma, qualquer coisa desperta nela os poderes latentes e a encoraja na realização de suas aspirações, levando-a a sentir e a dizer: eu posso. Eis o que ela realmente quer, embora sem ter disso plena consciência. Tal querer, entretanto, não é suscitado meramente por palavras, mas por uma espécie de completa cultura que produz sentimento e poderes. Palavras não representam a coisa em si mesma. Elas são apenas a expressão, a imagem da cousa que já temos em mente.

"Antes de tudo eu precisava conquistar a confiança e o amor das crianças. Tinha a certeza de que se o conseguisse, o resto viria por acréscimo natural. (...)

"Não era, pois, de externa organização que eu esperava a regeneração da qual tanto precisavam. Tivesse eu empregado pressões, regulamentos, sermões, em vez de conquistar e melhorar o coração de minhas crianças, eu as teria aborrecido e afastado, desviando-as, portanto, do meu alvo. ***Primeiro que tudo, era mister que eu despertasse nelas nobres e puros sentimentos morais****, para depois ter a certeza de obter em coisas externas, sua atenção, atividade e obediência.*

"Cumpria-me seguir o elevado preceito de Cristo quando disse: 'limpar primeiro o que está dentro, para que o exterior possa ser limpo também'.

"O princípio pelo qual procurei regular toda minha conduta foi o seguinte: primeiro que tudo procurei desenvolver o sentimento de afeição e simpatia das crianças. Para isso procurei satisfazer-lhes todas as necessidades de cada dia, usar de amor e bondade nos incessantes contatos com suas impressões e atividades, de sorte que tais sentimentos ficaram impressos nos seus corações. Procurei desenvolver neles tato e raciocínio que os capacitassem a fazer uso eficiente e constante deles em todas as relações e circunstâncias.

"Em último lugar não hesitei tocar nos difíceis problemas do bem e do mal e nas palavras com eles relacionadas. Deve-se fazer isto especialmente em relação aos fatos comuns de cada dia nos quais todo o ensino sobre tais questões deve ser baseado. Deste modo as crianças rememoram seus próprios sentimentos e se preparam com fatos reais como base para suas concepções de beleza, justiça e vida moral.

"Amigo, assim também a virtude. Ela se desenvolve como a planta que cresce à medida que o solo satisfaz as necessidades de seus tenros renovos.

"Desta maneira é que procurei despertar nelas o sentimento de cada virtude antes de falar-lhes sobre ela.

"O sentimento moral da criança deve ser primeiramente despertado por meio de ativas e puras sensações; estas devem ser exercitadas de modo adequado, isto é, mediante domínio próprio para que sejam orientadas para o que é reto e justo; finalmente, deve a criança ser induzida a formar, por si mesma, por meio da reflexão e comparação, uma correta idéia dos direitos e deveres que lhe correspondem em virtude do ambiente e da sua posição.

"A firme confiança no meu amor foi o melhor método que pude achar no meu relacionamento com as crianças. Nem pensei em procurar outro método. Assim sendo, na educação dos meus alunos, subordinei a instrução a objetivos mais altos; isto é, procurei suscitar e fortalecer neles nobres sentimentos mediante relacionamento adequado e constante cada dia.

"Eu ficava sozinho com eles desde manhã até a noite. De minhas mãos é que eles recebiam tudo que podia fazer bem ao seu corpo e à sua alma. Minha mão segurava a sua mão, meus olhos repousavam em seus olhos. Minhas lágrimas corriam com as suas e eu sorria para eles. Era o último que me deitava e o primeiro a levantar-me. Quando eu estava deitado, orava ainda com eles e lhes ensinava até que adormecessem; eram eles que assim queriam."

Pestalozzi

As idéias de Pestalozzi influíram na renovação de toda a educação contemporânea. Herbart visitou a famosa escola de Burgdorf, inteirando-se dos métodos de Pestalozzi e trabalhando numa educação que deveria atuar sobre as idéias dos alunos, tornando-os capazes de construir, pelo esforço próprio, um caráter sadio. Friedrich Froebel foi buscar sua inspiração na escola de Yverdon, fundando na Alemanha uma escola que denominou "Jardim de Infância" (Kindergarten), verdadeira bênção para a criança em idade pré-escolar do mundo todo. O movimento denominado Escola Ativa ou Escola Nova tem suas raízes em

Rousseau e Pestalozzi. Numerosos processos educativos em prática nos dias de hoje, tiveram sua origem em Pestalozzi.

Embora sua maior influência tenha sido na Alemanha e nos países de língua alemã, pelo fato de Pestalozzi ter escrito suas obras em Alemão (Pestalozzi era natural de Zurique, cantão da Suíça de língua alemã), sua influência se estendeu ao mundo todo.

Na Suíça, Alemanha, França, Espanha, Rússia, Inglaterra e mesmo nos Estados Unidos, os princípios de Pestalozzi mereceram larga aceitação.

Sua vida foi um exemplo fantástico de amor e devoção à educação, entre fracassos sucessivos e uma persistência gloriosa em sua missão de educador. Na sua propriedade rural em Neuhof, criou uma escola rural, erguida com amor e dedicação. No entanto, arruinado financeiramente, tão pobre como os meninos que agasalha, reparte com eles o que mal lhe chegava. Em 1780, esgotados todos os seus recursos, teve que fechar a escola. Somente em 1798 Pestalozzi se dirige para Stanz, fundando em janeiro do ano seguinte, um orfanato que durou apenas cinco meses, mas que realizou transformações surpreendentes em crianças órfãs, abandonadas na maior miséria material e moral, que Pestalozzi amou como seus próprios filhos.Contudo, as forças francesas transformam o orfanato em um hospital de emergência. Em Burgdorf, dirigiu uma escola que, segundo diziam, utilizava processos com 100 anos de avanço. Disse um visitante: "Não é uma escola que vejo, é uma grande família". No entanto, exigiram-lhe a desocupação do Castelo onde funcionava a escola, para nele instalar o governo da cidade. Continuaria sua obra no castelo de Munchenbuchsee. Acusado muitas vezes de incapacidade administrativa, alguns professores negociaram um acordo com Fellenberg, homem inteligente e hábil administrador, que assumiu o controle administrativo do Instituto, cabendo a Pestalozzi a direção pedagógica. No entanto, sérios desentendimentos entre os dois, fizeram com que Pestalozzi se afastasse mais uma vez de sua escola. Desta vez, Pestalozzi se instalaria em Yverdon, região da Suíça que fala a língua francesa. Ali surgiu uma instituição que recebia crianças de todas as partes da Europa e que funcionava também como centro de formação de professores. Sábios e visitantes ilustres encaminhavam-se para Yverdon para conhecer o educador e sua obra. Carl Ritter, o criador da ciência geográfica assim se exprime: "Eu vi mais do que o paraíso da Suíça; vi Pestalozzi, conheci seu coração e seu gênio: jamais, como nos dias que passei junto desse nobre filho da Suíça, senti-me penetrado da santidade de minha vocação e da dignidade da natureza humana".

Depois de 20 anos de atividade, deixa Yverdon, num clima de graves dissensões internas entre dois colaboradores da obra: Schmidt e Niederer, liderando cada um o seu grupo.

Em 1825, já octogenário, Pestalozzi retorna a Neuhof, onde havia começado e, num gesto nobilíssimo, procura empregar todo o dinheiro arrecadado do produto de seus livros na criação de um orfanato para crianças pobres.

Em 17 de fevereiro de 1827, bem de manhã, pediu que distribuíssem suas terras aos pobres, perdoou os inimigos e, às 7h30 expirou com um sorriso nos lábios.

"Ele parece sorrir para o anjo que vem buscá-lo" – disse um dos presentes.

No seu túmulo, em Birr, lêem-se as seguintes palavras:

Aqui jaz

Henrique Pestalozzi, nascido em Zurique a 12 de janeiro de 1746, falecido em Brugg a 17 de fevereiro de 1827.

Salvador dos pobres em Neuhof.

Pregador do povo em "Leonardo e Gertrude".

Pai dos órfãos, em Stanz.

Criador da nova Escola Elementar, em Burgdorf e Munchenbuchsee; em Yverdon, educador da Humanidade.

Homem, cristão, Cidadão.

Para os outros tudo, nada para si mesmo.

Abençoada seja a sua memória.

Castelo de Yverdon onde funcionou a famosa escola de Pestalozzi

Pestalozzi e seus alunos no pátio escolar.

11
A DOUTRINA ESPÍRITA CONDUZ À AUTONOMIA MORAL

O Espírito, em sua escalada evolutiva, passa por fases de desenvolvimento que vão desde a uma obediência cega ou rebeldia, até a plena consciência de seus atos. No início, o Espírito necessita de regras básicas, bem definidas, para se conduzir. Pouco a pouco vai adquirindo maior consciência e maior compreensão da própria vida. Muita coisa que antes lhe parecia uma imposição de fora, vai tomando a forma de uma necessidade interior. Ele não faz o Bem porque alguém lhe diz para fazer, mas porque ele o quer. Como exemplo, podemos afirmar que um homem realmente honesto é aquele que não comete um roubo, não porque existe uma lei que determina não roubar, mas porque a sua própria consciência não lhe permite tal gesto. Mesmo que a ocasião lhe seja favorável, ele não roubará. A honestidade é parte integrante de seu ser.

A própria história da humanidade revela o crescimento interior do homem e o gradual desenvolvimento de sua consciência moral.

Na época de Moisés, a humanidade recebeu 10 regras básicas sintetizando as Leis Divinas, válidas em todos os tempos e todos os locais, tendo, por isso mesmo, um caráter divino. (Vide *O Evangelho Segundo o Espiritismo*, Cap. I, item 2).

Moisés viu-se obrigado a manter pelo temor um povo naturalmente turbulento e indisciplinado. Chegou a estabelecer novas leis, além dos dez mandamentos de origem superior.

Jesus, como observamos em *O Evangelho Segundo o Espiritismo*, Cap.I, item 3, não veio destruir a lei de Deus, mas desenvolvê-la, dar-lhe seu verdadeiro sentido e apropriá-la ao adiantamento dos homens.

"Quanto às leis de Moisés, propriamente ditas, ao contrário, ele as modificou profundamente, seja no fundo, seja na forma; combateu constantemente o abuso das práticas exteriores e as falsas interpretações, e não poderia fazê-las sofrer uma reforma mais radical do que as reduzindo a estas palavras: "Amar a Deus acima de todas as coisas, e ao próximo como a si mesmo", e dizendo: está aí toda a lei e os profetas." (Idem, idem, item 3).

Deixou as bases para o desenvolvimento do sentimento, exaltando o poder do amor, colocando-o, mesmo, como lei máxima, deixando apenas uma regra básica a ser observada:

"Fazei aos homens tudo o que quereis que eles vos façam; porque é a lei e os profetas" (Mateus, Cap. VI, v 31).

O Espiritismo viria a seu tempo revelar aos homens, conforme a previsão do próprio Cristo, tudo o que a humanidade não poderia compreender no passado. Com explicações lógicas e coerentes, o Espiritismo é a chave com a ajuda da qual tudo se explica com facilidade.

A Doutrina Espírita, pois, não se preocupa em estabelecer novas regras exteriores, mas em levar a humanidade à real compreensão das Leis Divinas, de caráter universal e eterna, levando o homem ao desenvolvimento do imenso potencial que possui em si mesmo.

Os Espíritos superiores apenas complementam:

"Espíritas! amai-vos, eis o primeiro ensinamento; instruí-vos, eis o segundo." (*O Evang.Seg.Espiritismo*, Cap. VI, item 5)

Destacam a necessidade do desenvolvimento do **amor** e da **sabedoria**, as duas asas que conduzirão o Espírito aos vôos mais elevados do sentimento e da razão, conduzindo o homem à verdadeira autonomia moral e intelectual.

A Doutrina Espírita, vem pois, inaugurar uma nova fase da evolução do planeta, e portanto, dos Espíritos que aqui habitam.

Com o conhecimento Doutrinário, o Espírito reencarnado adquire plena consciência de si mesmo, respondendo às perguntas básicas de sua existência: "Quem sou? De onde vim? Onde estou? Para onde vou?"

O reconhecimento de que é um Espírito eterno, filho de Deus, herdeiro de um patrimônio fantástico que já existe em si mesmo, mas que lhe será necessário esforço e trabalho para conquistá-lo; o conhecimento da Lei de Causa e Efeito que rege todo nosso processo evolutivo; o conhecimento, mesmo relativo, dos mecanismos da evolução, aproximarão, cada vez mais, o homem das Leis Divinas.

O homem passa a compreender a moral evangélica como necessidade indispensável à sua ascensão evolutiva.

O Evangelho de Jesus não será compreendido apenas como

regras morais pré-estabelecidas e que deverão ser simplesmente seguidas, mas como a própria essência das Leis Divinas que auxiliarão nosso desenvolvimento. Compreendida pela razão a moral evangélica será sentida e vivida.

Da vivência e do sentimento, incorpora-se ao patrimônio eterno do Espírito, que passa a vibrar em nova sintonia.

*

Com o advento da Doutrina Espírita, amplia-se a compreensão do homem estudioso no que se refere ao Evangelho. Muitos pontos que pareciam obscuros, agora se tornam claros. E à medida em que nós nos aperfeiçoamos, criamos estruturas internas que nos permitem melhor compreender aspectos que dantes não compreendíamos.

Allan Kardec chega a afirmar, na introdução de *O Evangelho Segundo o Espiritismo,* que a Doutrina Espírita é a chave que faltava para a integral compreensão do Evangelho de Jesus:

"Todo o mundo admira a moral evangélica; cada um proclama-lhe a sublimidade e a necessidade, mas muitos o fazem confiantes, sobre o que dela ouviram dizer, ou sobre a fé originada de algumas máximas que se tornaram proverbiais; mas poucos a conhecem a fundo, menos ainda a compreendem e sabem deduzir suas conseqüências."

"Muitos pontos do Evangelho, da Bíblia e dos autores sagrados em geral, não são inteligíveis, muitos, mesmo, não parecem irracionais senão pela falta de uma chave para compreender-lhes o verdadeiro sentido; essa chave está inteiramente no Espiritismo, como já se convenceram aqueles que o estudaram seriamente, e como ainda o reconhecerão melhor mais tarde." (*O Evangelho Segundo o Espiritismo* – Introdução)

Sendo a Doutrina Espírita o Consolador Prometido por Jesus,

"não ensina nada de contrário ao que o Cristo ensinou, mas desenvolve, completa e explica, em termos claros para todo o mundo, o que não foi dito senão sob a forma alegórica". (O Evangelho Segundo o Espiritismo – Cap.I, item 7)

A Doutrina Espírita é, pois, obra do próprio Cristo, que preside a regeneração do Planeta.

Assim, a verdadeira educação, a educação do Espírito, está necessariamente vinculada ao Evangelho ensinado e vivido por Jesus, suficientemente esclarecido, desenvolvido e completado pelos conhecimentos contidos na Doutrina Espírita codificada por Allan Kardec, em seu tríplice aspecto. Esta a educação que levará a humanidade à autonomia moral, agindo com plena consciência do que faz e por que o faz, Espíritos autênticos, sinceros, honestos, capazes de pensar, sentir e agir no Bem, vibrando cada vez mais em sintonia com as Leis Divinas.

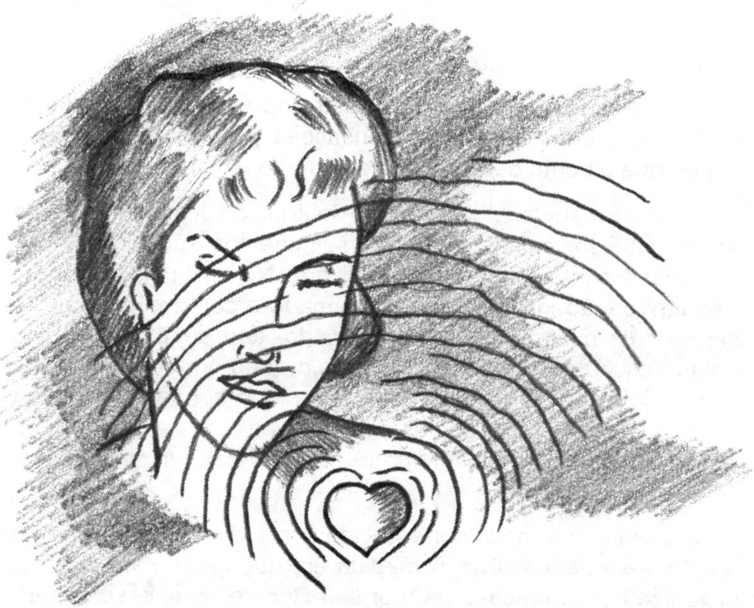

12

SENTIMENTO E VIBRAÇÃO

Em seu livro *O Julgamento Moral da Criança*, Piaget deixou claro que apenas se propôs a estudar o julgamento ou juizo moral e não os comportamentos ou os sentimentos morais. Assim, o estudo de Piaget ainda se liga ao aspecto intelectual, à compreensão da regra, às idéias das crianças a respeito da mentira, à idéia de justiça, etc.

Nosso estudo, no entanto, se amplia ao sentimento, não somente como energia que mobiliza e mantém nossas ações, mas como campo vibratório, capaz de emitir e receber vibrações.

Entramos, pois, em campo novo para a ciência pedagógica, que a Doutrina Espírita nos apresenta de modo fértil e profundo, dando margem a amplo estudo. Estamos no campo do sentimento, da emoção, da sensibilidade, da vibração.

A Doutrina Espírita nos demonstra que o homem evolui do instinto às sensações e das sensações para os sentimentos, sendo que o ponto delicado do sentimento é o amor.

"O amor resume inteiramente a doutrina de Jesus, porque é o sentimento por excelência, e os sentimentos são os instintos elevados à altura do progresso realizado. No seu início, o homem não tem senão instintos; mais avançado e corrompido, só tem sensações; mais instruído e purificado, tem sentimentos; e o ponto delicado do sentimento é o amor, não o amor no sentido vulgar do termo, mas este sol interior que condensa e reúne em seu foco ardente todas as aspirações e todas as revelações sobre-humanas."(*O Evangelho Segundo o Espiritismo*, cap. XI, item A Lei de Amor)

O sentimento, pois, corresponde a estado vibratório que se amplia e se desenvolve. À medida em que emite sentimentos, sintoniza com vibrações de teor semelhante, e mais se desenvolve.

"É dando que se recebe" é princípio científico, que pode ser racionalmente explicado:

Ao praticar um ato nobre, o Espírito entra, mesmo por pequena fração de tempo, em faixa vibratória superior. Ao emitir "amor" fica receptivo ao amor universal que emana do mais Alto, onde milhões de inteligências superiores vibram na mesma sintonia. Naturalmente que a capacidade receptiva depende de cada Espírito. Mas ao vibrar na mesma sintonia, percebe, com maior ou menor intensidade, vibrações de teor semelhante.

O Espírito que vibrou, recebe a vibração superior que lhe encanta o coração. Quer repetir a experiência, sentir de novo a mesma emoção, e assim, gradativamente, dando e recebendo, vai ampliando as suas possibilidades vibratórias, aumentando seu campo receptivo.

"Fora da caridade não há salvação" pode ser compreendido

que, somente a caridade, como exercício do amor, pode conduzir o Espírito ao grau superior de vibração, libertando-o dos instintos e das sensações inferiores.

Contudo, não se ensina a amar através de ensinamentos teóricos. O egoísta, o que não dá de si mesmo, não sabe o que é amor, por melhores sejam as definições a respeito. No campo do sentimento é preciso **sentir**.

No entanto, o "germe" do sentimento existe em todas as criaturas de Deus, como *o princípio do perfume está no germe da flor, antes dela desabrochar.*

"O amor é de essência divina, e, desde o primeiro até o último, possuís no fundo do coração a chama desse fogo sagrado." (*O Evangelho Segundo o Espiritismo* – cap. XI, item 9).

*

Somente o sentimento superior pode servir de estímulo ao desenvolvimento do potencial superior que trazemos em latência dentro de nós mesmos. Ao vibrarmos amor, nosso sentimento atinge as criaturas que nos cercam, envolvendo-as em energia superior, que lhes aquece o "germe" divino, propiciando condições para o seu desabrochar. Eis a função principal do educador: acordar na criança o germe que ela já possui, auxiliando o seu desenvolvimento. Para isso, o próprio educador precisa vibrar em níveis cada vez mais elevados, criando condições para que o educando também aprenda a vibrar de forma superior, ou seja, a amar.

O amor é o sentimento exaltado por Jesus e por todos os Espíritos superiores que viveram em nosso Planeta. Viveram e sentiram o amor em seus corações. Suas luzes aqueciam o coração de quantos lhes seguiam as pegadas, desenvolvendo o mesmo sentimento que aprendiam a vibrar em sintonia com eles. Quando tais figuras retornavam aos seus mundos de origem, os que lhes compartilhavam o campo vibratório sentiam a ausência do pólo emulador que lhes aquecia o coração e buscavam a mesma vibração superior através do amor ao próximo, desenvolvendo assim, em si mesmos, pelo esforço próprio, o sentimento superior e nobre do amor doação.

Exemplo fantástico dessa ascensão é o de Maria de Magdala, narrado no livro *Boa Nova,* de Humberto de Campos, psicografado por Francisco Cândido Xavier. Depois do encontro com Jesus, Maria passou a segui-lo, bebendo-lhe os ensinamentos e as vibrações. Com a partida de Jesus, e a sua não aceitação pelos companheiros do Mestre, Maria sentiu-se imensamente só. Passeia pelas praias do grande lago, chorando vezes sem conta a saudade do Mestre, até encontrar um grupo de leprosos que também buscavam Jesus. Maria torna-se-lhes a amiga compassiva e dedicada, ensinando-lhes o Evangelho, transformando-se depois em verdadeira mãe, amando-os como filhos do coração. Sua dedicação foi tão profunda que Maria atingiu padrões elevados de vibração, pois no seu desencarne, o próprio Jesus veio buscá-la, dizendo:

– Maria, já passaste a porta estreita!... Amaste muito! Vem! Eu te espero aqui!

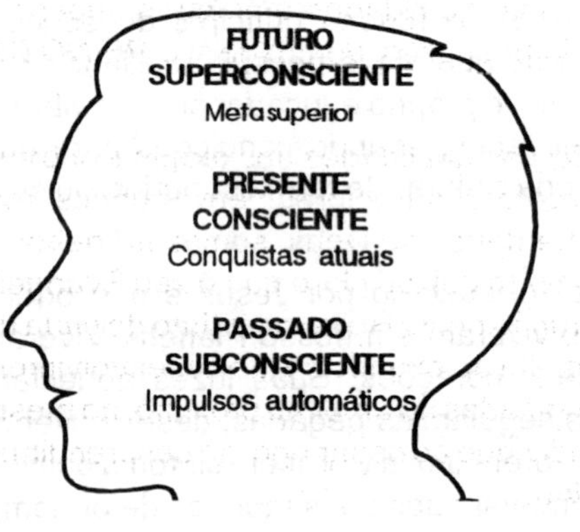

O estímulo superior "acorda" o germe divino do superconsciente, propiciando condições para o seu desabrochar.

A ação no presente, transforma o germe em patrimônio do Espírito.

13
EVANGELHO E EDUCAÇÃO

Jesus mostrou-nos que cada criatura é filha de Deus e que possui, como herança Divina, qualidades e poderes superiores herdados do Pai. Cada criatura possui dentro de si o *REINO DOS CÉUS*.

O desenvolvimento dessas qualidades nos propicia oportunidade de ingresso em esferas superiores, em mundos mais avançados e que, como herdeiros de Deus, somos herdeiros do Infinito, do Universo. Também deixou claro que o seu Evangelho é o caminho para a construção deste Reino no íntimo de cada um. Os seus ensinamentos levam ao exercício e ao desenvolvimento das virtudes da alma, sintetizadas no amor ao próximo, ao mesmo tempo em que conduz o indivíduo ao desapego, ao desprendimento do egoísmo e do orgulho.

O exercício das lições de Jesus nos levam a desenvolver o Reino dos Céus, as qualidades da alma, a herança Divina, a "chegar ao Pai", ou seja, a vibrar em sintonia com as Leis Divinas.

"*Eu sou o caminho, e a verdade e a vida. Ninguém vem ao Pai, senão por mim.*" (João 14:6)

Naturalmente, ninguém "vem ao Pai", deve significar que ninguém chegará ao estado superior de perfeição, a essa herança Divina, que já possuímos, fora dos seus ensinamentos, ou seja fora do amor, que "resume inteiramente a Doutrina de Jesus, porque é o sentimento por excelência" (*O Evangelho Segundo o Espiritismo* – Cap.XI – ítem 8). Nota-se que Jesus não afirmou "ninguém vai ao Pai" mas sim "ninguém vem ao Pai" (segundo as melhores e mais aceitas traduções do Evangelho), o que demonstra que Ele já chegou a este estado superior de perfeição.

14
O EVANGELHO DE JESUS

O Evangelho é a Boa Nova, a mensagem trazida por Jesus.

A mensagem de Jesus não foi apenas aquela constante de suas palavras, mas também e talvez, principalmente, aquela vivida em todos os seus atos.

Não é simplesmente teoria, mas vida.

Não se dirige tão somente ao intelecto, mas também e principalmente ao sentimento.

Não deve apenas ser estudada, mas vivida.

Jesus foi e é Mestre e desta forma se apresentou à Humanidade *"Porque um só é o vosso mestre, que é Cristo"*. (Mateus 23,10)

A missão do mestre é educar. A missão de Jesus é a

educação, renovação e regeneração da Humanidade, preparando o reino de Deus na Terra, que ocorrerá com o desabrochar do "Reino" de cada um.

O Evangelho não se resume a simples normas de conduta humana, mas a poderoso estímulo aos ideais nobres da alma, desenvolvendo as potencialidades interiores do Espírito, rumo à perfeição.

"A que é semelhante o reino de Deus, e a que o compararei? É semelhante ao grão de mostarda que um homem, tomando-o, lançou na sua horta; e cresceu, e fez-se grande árvore, e em seus ramos se aninharam as aves do céu.

"É semelhante ao fermento que uma mulher, tomando-o, escondeu em três medidas de farinha, até que tudo levedou." (Lucas,13:18-21)

Como já vimos, a pequena semente se desenvolve e se transforma em árvore imensa; o fermento faz o pão crescer. O "Reino" é algo que se desenvolve e cresce. As qualidades superiores da alma se desenvolvem gradativamente, rumo à perfeição. O Evangelho é o "caminho" que conduz à perfeição.

Como o adubo que faz a semente crescer, o Evangelho sentido e vivido produz o desenvolvimento das qualidades superiores da alma. É o "maná que desceu dos Céus" e produz o desabrochar da semente; é a luz que jorra do alto e que estimula o desenvolvimento interior da alma, como a luz do sol estimula a semente.

O Espírito, ser perfectível, criado por Deus para a perfeição, necessita do estímulo superior para se desenvolver, para evoluir, como a semente necessita da luz do sol, da água, do adubo.

O Evangelho é, pois, estímulo poderoso ao desabrochar das qualidades superiores da alma.

Não pode, pois, existir educação do Espírito, em seu sentido profundo, fora dos princípios do Evangelho. "*Ninguém vem ao Pai senão por mim*", ninguém chega ao estado da perfeição moral, ao desenvolvimento integral das potencialidades da alma, fora do Evangelho de Jesus, estudado, sentido e vivido.

"Eu sou a videira verdadeira, e meu Pai é o lavrador. Estai em mim, e eu em vós: como a vara de si mesma não pode dar fruto, se não estiver na videira, assim também vós, se não estiverdes em mim.

Eu sou a videira, vós as varas: quem está em mim, e eu nele, esse dá muito fruto; porque sem mim nada podeis fazer.

Se guardardes os meus mandamentos, permanecereis no meu amor; do mesmo modo que eu tenho guardado os mandamentos de meu Pai, e permaneço no seu amor." (João,15:4,5,10)

O aluno se liga ao professor para aprender, o discípulo se liga ao Mestre. Jesus é Mestre por excelência. É nosso Mestre particularmente. A ele foi dada a tarefa de coordenar a evolução do planeta, desde a sua criação. Em seu Evangelho estão os ensinamentos mais profundos que a humanidade necessita para a sua elevação espiritual.

"Brilhe vossa luz diante dos homens..." recomendava o mestre – e a luz de cada um brilhava na intensidade que lhe era própria. (Mateus 5,16)

O evangelizador e o educador de hoje e do futuro têm um vínculo com Jesus e deverá acender sua própria luz e fazê-la brilhar diante dos homens através de suas obras, de sua exemplificação.

A luz que brilha de nossos corações é energia emuladora que alcança o coração de quantos conosco medeiam e estimula a luz que existe neles próprios. Compreendemos aqui por luz, o sentimento superior e nobre, excelentemente o sentimento de amor.

Que tipo de amor? Para evitar falsas interpretações dos interesses mesquinhos, o Senhor acrescentou: *"Amai-vos uns aos outros como eu vos tenho amado"*

O amor, pois, a que se refere Jesus é o amor com que ele nos amou. Amor que se doa, amor que faz as criaturas crescerem, não é orgulhoso nem se ensoberbece. Energia poderosa que, qual adubo que faz a semente germinar, estimula os poderes superiores do Espírito. Força de atração poderosa, luz potentíssima, ilumina os recantos obscuros da alma, clareando os meandros da ignorância. Força de atração poderosa, age diretamente no manancial Divino que habita em cada ser, fazendo surgir a mesma força no interior do ser que lhe recebe a vibração. Auxilia, ajuda o crescimento do outro, mantendo a humildade em si mesmo. O próprio Cristo, em sua grandeza incomensurável para nós, chega a afirmar aos amigos que amava:

"Já vos não chamarei servos, porque o servo não sabe o que faz o seu senhor, mas tenho-vos chamado amigos, porque tudo quanto ouvi de meu Pai vos tenho feito conhecer." (João 15,15)

"Brilhe vossa luz diante dos homens...", recomendava o mestre.

Somente a luz do indivíduo realmente renovado em si mesmo pode educar.

Nosso sentimento é foco gerador de energia emuladora que estimula, criando um campo magnético de indução que atrai, propiciando condições para o desabrochar dos sentimentos superiores do próprio indivíduo.

Os bons sentimentos, a alegria íntima, o entusiasmo, o amor, irradiam-se de nós e atingem a criança ao nosso lado, contagiando, despertando o germe Divino que já existe em si mesma.

No entanto, o processo de irradiação que envolve o outro ser, não o isenta do esforço próprio. A ação, o trabalho próprio no bem é indispensável.

Assim, na tarefa do educador, o exemplo, a energia emuladora é necessária, mas não resume em si todo o processo educativo. É necessário criar canais que levem o indivíduo à participação ativa em seu processo de auto-construção. A vivência é condição indispensável.

15
A CAPACIDADE VIBRATÓRIA

A interação do indivíduo com o meio é constante, mas depende sempre da bagagem anterior do Espírito. À medida em que ele aumenta gradativamente suas estruturas cognitivas e amplia sua faixa vibratória, aumenta sua capacidade perceptiva.

Estruturas novas no campo cognitivo, maior faixa vibratória na área afetiva, maiores possibilidades de ação, redundando em novas estruturas cognitivas (mais ampla, majorada) e maior capacidade vibratória. Através da ação constante no bem conquistamos condições cada vez mais elevadas, com maior capacidade intelectual e maior capacidade vibratória e, portanto, com mais vasto campo para agir.

O desenvolvimento intelectual e afetivo propiciam condições de percepção mais elevada, o que permite uma visão diferente do "mundo", mais ampla, como o homem que está subindo uma montanha e, à medida em que se posiciona mais alto, tem o raio de visão ampliada, podendo enxergar mais longe.

Isso implica em dizer que cada criatura enxerga, percebe, e compreende o "mundo" de acordo com seu grau evolutivo, ou seja, de acordo com sua capacidade intelectual e sua capacidade vibratória.

Aquilo que parece natural e lógico para uns, pode parecer absurdo para outros. Alguns compreendem com facilidade certos conceitos e outros tudo ignoram e nada conseguem compreender.

André Luiz, no livro *No Mundo Maior*, cap. 4, nos revela:

"Nem os símios ou os antropóides, a caminho da ligação com o gênero humano, apresentam cérebros absolutamente iguais entre si. Cada individualidade revela-o consoante o progresso efetivo realizado. O selvagem apresenta um cérebro perispiritual com vibrações muito diversas das do órgão do pensamento no homem civilizado. Sob este ponto de vista, o encéfalo de um santo emite ondas que se distinguem das que despede a fonte mental de um cientista(...)"

Ampliando sua faixa vibratória e aumentando sua capacidade perceptiva, o indivíduo entra em sintonia com vibrações superiores, que dantes sequer percebia.

*

"(...) O pensamento é força criativa, a exteriorizar-se, da criatura que o gera, por intermédio de ondas sutis, em circuitos de ação e reação no tempo, sendo tão mensurável como o fotônio que, arrojado pelo fulcro luminescente que o produz, percorre o espaço com velocidade determinada, sustentando o hausto fulgurante da Criação.

A mente humana é um espelho de luz, emitindo raios e assimilando-os, repetimos.

Esse espelho, entretanto, jaz mais ou menos prisioneiro nas sombras espessas da ignorância, à maneira de pedra valiosa incrustada no cascalho da furna ou nas anfractuosidades do precipício. Para que retrate a irradiação celeste e lance de si mesmo o próprio brilho, é indispensável se desentrance das trevas, à custa do esmeril do trabalho." (*Pensamento e Vida* – Emmanuel – item 5)

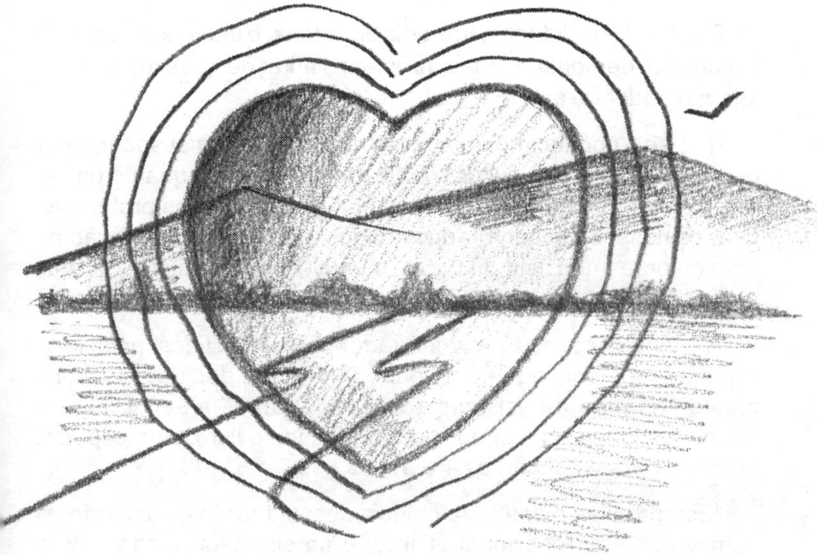

16

O PODER DO AMOR

O sentimento é foco gerador de energia emuladora, que, qual dínamo gerador de vibrações superiores, atingirá o coração, o sentimento, estimulando as qualidades superiores dos que estão em seu raio de influência, levando-os a seguir o exemplo a imitar, não mecanicamente, mas atraído pela força emuladora que emana do próprio coração.

André Luiz, em *No Mundo Maior,* nos faz maravilhosa revelação com respeito ao poder do amor. Relata nos capítulos 4 e 5, o socorro prestado por ele e Calderaro a dois enfermos: um encarnado, na posição de obsediado e outro desencarnado, na condição de obsessor.

Depois da assistência aos dois enfermos, o inteligente Espírito Calderaro demonstra suas próprias limitações, destacando o imenso poder do amor:

"(...) se o conhecimento auxilia por fora, só o amor socorre por dentro. Com a nossa cultura retificamos os efeitos, quanto possível, e só os que amam conseguem atingir as causas profundas. Ora, os nossos desventurados amigos reclamam intervenção no íntimo, para modificar atitudes mentais em definitivo... E nós ambos, por enquanto, apenas conhecemos, sem saber amar..."

A seguir, os dois desventurados são assistidos pela irmã Cipriana, que consegue a mudança vibratória dos dois, encaminhando-os para a assistência devida. Citamos a seguir alguns trechos da obra, sugerindo a leitura de todo o livro, com especial atenção para os capítulos 4 e 5.

"Estendeu as mãos para os dois desventurados, atingindo-os com o seu amoroso magnetismo, e notei, assombrado, que o poder daquela mulher sublimada lhes modificava o campo vibratório. Sentiram-se ambos desfalecer, oprimidos por uma força que os compelia à quietação. Entreolharam-se com indizível espanto, experimentando o respeito e o temor, presas de comoção irreprimível e desconhecida..."

Depois de se dirigir, primeiramente ao encarnado, temporariamente desprendido do corpo físico, a irmã Cipriana consegue a transformação interior indispensável para reiniciar sua tarefa educativa:

"O infortunado deixou pender a cabeça sobre um dos ombros dela, demonstrando infinita confiança e murmurou infantilmente: – Mãe do Céu, ninguém na Terra jamais me falou assim..."

Calderaro, emocionado, chega a dizer a André Luiz:

"Praza a Deus, André, possamos também aprender a amar, adquirindo o poder de transformar os corações."

Depois de atender ao enfermo reencarnado, a irmã Cipriana se volta ao Espírito obsessor que, por fim, é tocado pela sua vibração superior:

"Foi, então, a vez de Camilo ajoelhar-se. Do tórax de Cipriana partia radioso feixe de luz, que lhe atravessava o coração, qual venábulo de luar cristalino. O infeliz, genuflexo agora, beijava-lhe a destra, num transporte comovente de gratidão, rociando-a de lágrimas.

– Sim – disse ele, chorando – não me falaríeis desta maneira, se me não amásseis! Não são vossas palavras que me convencem..., senão o vosso sentimento que me transmuda! – Mãe do Céu, libertai-me de minhas próprias paixões! Desfechai-me as algemas que eu mesmo forjei..., quero fugir de minhas sinistras recordações..., quero partir, esquecer, empenhar-me na luta regeneradora, recomeçando a trabalhar!"

O poder do sentimento é profundo. A energia superior exerce poderosa atração, acordando os sentimentos nobres que já conquistamos no passado e estimulando as regiões superiores onde se localiza a herança Divina, nosso futuro brilhante.

*

A educação baseada no despertar dos poderes latentes do Espírito é a única que realmente conduz o Espírito à própria autonomia integral, capaz de utilizar a própria vontade para seguir nos caminhos do bem, do belo, do melhor, enfim, no caminho da perfeição.

A imposição "de fora para dentro", seja baseada na autoridade unilateral impositiva, seja deixando o educando entregue a si mesmo e às contingências da vida, não desenvolve os poderes integrais do Espírito. A educação de dentro para fora, que torna o indivíduo consciente da própria necessidade evolutiva, que lhe mostra o caminho e lhe oferece os meios para a caminhada estimulando-lhe a vontade, é a educação por excelência, capaz de formar criaturas capazes de pensar, sentir e agir no Bem.

Ouçamos o que nos diz Francisco Cândido Xavier a respeito:

" – O homem somente progride por esforço próprio ou também por uma contingência da vida? – Progride através desses dois impulsos. Apenas devemos considerar que, pelas contingências da vida, ele terá um progresso comparado ao da pedra rolante do rio; com o tempo, uma pedra deixará suas arestas no rio natural, enquanto que com os instrumentos chamados ao perfeiçoamento da pedra, o enriquecimento dessa mesma pedra preciosa se faz muito mais direto. Por esforço próprio podemos realizar em alguns anos aquilo que, pelas contingências, podemos gastar milênios. Mas, pelo esforço próprio, o esforço de dentro para fora é o esforço do burilamento pessoal, através da auto-crítica, do auto-exame. Agora, com o tempo, é de fora para dentro: gastaremos séculos e séculos, e mais séculos." (*A Terra e o Semeador* – Francisco Cândido Xavier – Emmanuel – pgta. 124)

A educação baseada na autoridade unilateral, na imposição de cima para baixo, gera criaturas dependentes, que apenas repetem o que ouvem, sem consciência do que fazem.

Somente criaturas que já vibravam em sintonia com o Evangelho teriam a fé suficiente para imprimir em suas ações atos de suprema coragem e ao mesmo tempo de imensa humildade como o fizeram os primeiros Cristãos. Humildade para aceitar e suportar as humilhações impostas pelos romanos e coragem para enfrentar os leões ferozes por amor ao Cristo.

Os ensinamentos de Jesus eram de fácil assimilação para os que tinham "olhos de ver" e boa vontade para aprender. Imprimia em suas lições a força de seus exemplos e o imenso amor que possuía. As criaturas mudavam suas maneiras de pensar e sentir, mudando o tônus vibratório e conseqüentemente a maneira de agir.

"Brilhe vossa luz diante dos homens..." Recomendava o

Mestre. Somente a luz do indivíduo realmente renovado em si mesmo pode educar.

*

Muito se fala, nos dias de hoje, em educação integral, que forme homens capazes de pensar, sentir e agir. Interessantíssimo é que Jesus esclarecia o pensamento, conduzindo os que lhe ouviam aos caminhos da razão e da lógica, através de histórias simples, de parábolas que continham profundos ensinamentos, ao mesmo tempo em que desenvolvia o sentimento, despertando o amor. Tornava-se, ele mesmo, foco sublime de amor, energia emuladora que acordava no íntimo de cada um o amor superior e sublime que todos possuímos por herança de Deus, nosso Pai. Seus exemplos superiores refletiam os próprios ensinamentos, sua luz brilhava intensa, acendendo a luz interior de quantos lhe recebiam as vibrações. Ao mesmo tempo, despertava a vontade, energia interior que conduzia à ação no Bem. Aquelas criaturas se tornavam trabalhadores incansáveis de seu Evangelho.

Os métodos de Jesus foram tão profundamente profícuos que os seus seguidores dos primeiros tempos enfrentaram com humildade sem par a arrogância dos poderes religiosos da época e a força das legiões romanas. Enfrentavam os circos de Roma, mas não renunciavam ao Evangelho do Mestre. Não agiam por mera influência externa, mas usando a própria vontade, esclarecida pela razão e iluminada pela fé. Eram homens que pensavam, sentiam e agiam no bem.

17

A VONTADE

Conforme nos ensina Calderaro, o presente é **ação**. Em toda ação estão presentes o **sentimento** e a **inteligência** interagindo com o meio. Através da ação ocorre o desenvolvimento do sentimento e da inteligência, sempre em níveis cada vez mais elevados, rumo ao futuro nobilitante.

O que leva o indivíduo a agir é a **vontade**, seja ela impulsionada pela necessidade, em seus mais diferentes níveis, pelo estímulo do meio ou pela força de atração superior.

A vontade é mola propulsora da ação, do trabalho, do esforço próprio, que leva o Espírito a desenvolver seu potencial interior. É pela vontade que o Espírito dirige seus pensamentos para determinada direção e age.

Todo o processo educativo, pois, deve ser centrado no estímulo à vontade do educando, para que este queira aprender, queira melhorar-se, empreendendo assim sua ação no bem. O Espírito, deve receber os estímulos adequados à sua ação, desafios proporcionais à sua bagagem interior para que ele possa agir, utilizando sua bagagem do passado para a construção de seu futuro.

O desafio, a necessidade, o conflito íntimo, conduzem o Espírito a agir. São molas propulsoras da evolução.

O sentimento de amor é energia emuladora, a atrair o educando. Da mesma forma, o exemplo superior e a imagem estimulam a vontade do ser a seguir em determinada direção.

Emmanuel, no livro *Pensamento e Vida*, item 2, nos diz:

"Comparemos a mente humana – espelho vivo da consciência lúcida – a um grande escritório, subdividido em diversas seções de serviço.

Aí possuímos o Departamento do Desejo, em que operam os propósitos e as aspirações, acalentando o estímulo ao trabalho; o Departamento da Inteligência, dilatando os patrimônios da evolução e da cultura; o Departamento da Imaginação, amealhando as riquezas do ideal e da sensibilidade; o Departamento da Memória, arquivando as súmulas da experiência, e outros, ainda, que definem os investimentos da alma.

Acima de todos eles, porém, surge o Gabinete da Vontade.

A Vontade é a gerência esclarecida e vigilante, governando todos os setores da ação mental."

18
VONTADE E LIVRE-ARBÍTRIO

O estímulo à vontade não violenta o livre-arbítrio do indivíduo, muito pelo contrário, o respeita. O educador atrai, conquista, levando o indivíduo a querer agir, mobilizando a sua própria vontade.

Da mesma forma existe em nosso íntimo uma força superior que nos impulsiona para frente e para cima, ou seja, para o futuro, para níveis superiores de inteligência e sentimento. É a força de atração que Deus, nosso Pai, exerce sobre nós, seus filhos.

O educador, o evangelizador, médium por excelência, age como mediador, utilizando estas forças naturais para despertar o interesse, vivificar a vontade, levando o indivíduo a querer avançar intelectual e afetivamente.

A ação pedagógica deve, pois, estar centrada na vontade, estimulando o querer, para que o indivíduo possa agir no presente, com base nas conquistas passadas, construindo o próprio futuro.

A surpresa, a admiração, o prazer da descoberta manterá o clima vivificante de querer sempre. A grande função do educador é auxiliar a própria natureza, conforme pregaram Rousseau, Pestalozzi, Froebel e tantos outros Espíritos com visão da realidade pedagógica.

19

VONTADE, MATURIDADE, INTERESSE

O modo de estimular a vontade varia em função tanto da maturidade quanto dos interesses imediatos do Espírito, conforme a bagagem que ele traz e suas possibilidades de manifestação gradual.

O educador deve utilizar a bagagem que o Espírito traz e que se manifesta em forma de tendências e aptidões, levando-o a agir com interesse, em rumos cada vez mais elevados.

Não é possível estimular uma ação que a criança não tenha condições de realizar. Por exemplo, uma criança de sete ou oito anos não conseguirá realizar operações abstratas. Não adianta estimular sua ação com pensamentos abstratos. Ela necessita do concreto para ocorrer o pensamento lógico. Daí a necessidade de se conhecer as etapas de desenvolvimento da crianças, as necessidades e os interesses que se manifestam de forma individual, em cada Espírito reencarnado. O estímulo ou o desafio devem estar dentro das possibilidades de realização do educando, avançando sempre um pouco além de onde ele está, mas que ele esteja em condições de realizar.

Lembramos aqui os desafios de Piaget (cap. IV–item 5) e a zona de desenvolvimento proximal de Vygotsky (cap. IV–item 7).

A partir de suas aptidões, o educador procurará interessar a criança em outras atividades correlatas, procurando ampliar as possibilidades do educando.

Aproveitamos as manifestações de um interesse expoente para ampliar suas possibilidades a partir daí.

A participação em grupos também poderá despertar o interesse da criança em outras atividades que possua afinidade.

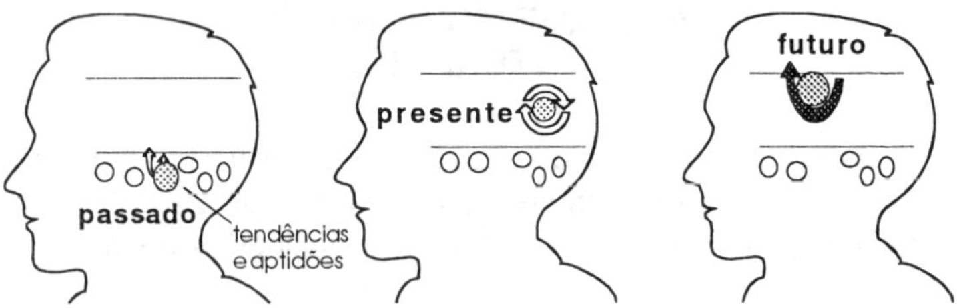

Utilizar as tendências e aptidões do passado | Trabalhar ativamente no presente | Construindo o futuro

Capítulo Quinto

AS ETAPAS DO DESENVOLVIMENTO

1

AS ETAPAS DO DESENVOLVIMENTO

Nosso objetivo neste capítulo, é estudar as etapas do desenvolvimento da criança tanto no aspecto cognitivo quanto emocional, procurando analisar a criança também como um ser espiritual.

Piaget definiu quatro estágios de desenvolvimento cognitivo que as crianças percorrem na mesma ordem seqüencial, variando, contudo, a idade cronológica em que completam cada estágio.

Estágio I. Sensório-motor: De 0 a 2 anos

Estágio II: Pré-operacional: De 2 a 7 anos

Estágio III: Operações concretas: de 7 a 12 anos

Estágio IV: Operações formais: 12 anos em diante

A Pedagogia Waldorf analisa o desenvolvimento da criança como um processo de desenvolvimento físico-espiritual, analisando-a por setênios, ou seja, em ciclos de aproximadamente sete anos.

A Doutrina Espírita, através das obras de André Luiz, citadas à frente, refere-se em especial à idade de 7 anos, ocasião em que o processo reencarnacionista estará consolidado. Aos 14 anos, André Luiz nos fala da glândula pineal que reabre seus mundos maravilhosos de sensações e impressões na esfera emocional.

Adotaremos, pois, em nossa análise, a seguinte divisão: do nascimento aos 7 anos, dos 7 as 14 anos e após os 14 anos, aproveitando assim as fases marcantes assinaladas por André Luiz.

Estudaremos também as etapas intermediárias, aproveitando a divisão de Piaget, no aspecto cognitivo.

2

OS PRIMEIROS SETE ANOS

Nos **primeiros anos de vida** (0 a 2 anos), a energia que durante a gestação plasmou o corpo físico nos moldes perispirituais e conforme a herança genética, agora atua, principalmente, no desenvolvimento dos órgãos e no funcionamento dos mesmos, habilitando o novo corpo ao pleno domínio do Espírito. O corpo físico entra, pois, em acelerado desenvolvimento. A energia criadora do Espírito se manifesta no campo sensorial e motor. Os órgãos dos sentidos, tato, visão, audição, olfato e paladar se desenvolvem rapidamente. As experiências sensoriais tornam-se gradativamente coordenadas. Os impulsos motores, descontrolados no início, pouco a pouco são dominados e coordenados. Gradualmente o bebê aprende a tocar o que vê e a olhar o que ouve.

Aprende a engatinhar em direção a determinado objeto desejado, com o tempo se ergue, equilibra-se, anda, pula, corre, sobe nas cadeiras, etc...

Ao final do período, as ações motoras das crianças pequenas estão bem coordenadas. Começam a organizar seu ambiente.

O andar ereto representa conquista maravilhosa desta fase. O início dos sons, que evolui para a linguagem, representa precioso elo de ligação e comunicação com o mundo exterior.

As experiências cognitivas mais importantes para a criança nesta etapa são as experiências sensoriais e ações motoras que desafiam a sua ação e incentivam a sua atividade, preparando-a para a etapa seguinte de sua existência.

Por esta razão, Piaget denomina este período (0 a 2 anos) de **sensório motor**, destacando a maneira impressionante com que a criança **constrói** seus primeiros esquemas mentais a partir de mecanismos reflexos.

Reconstrói, diríamos nós, habilitando o novo corpo ao potencial do Espírito, que gradualmente se manifesta por ele. Para isso o próprio Espírito reconstrói seus esquemas mentais, iniciando pelos sensório-motores, recapitulando em alguns meses, o longo processo evolutivo dos milênios passados.

A influência do meio, tanto físico como espiritual, é exercida constantemente sobre o Espírito reencarnante, que interage gradativa, mas constantemente com essas influências, construindo novas estruturas mentais e ampliando gradualmente suas fronteiras vibratórias.

Assim é que aperfeiçoa-se a forma física, aperfeiçoa-se a inteligência, aperfeiçoa-se o sentimento, em transformações gradativas em que o conjunto espírito-matéria se acomoda aos novos desafios que a nova existência apresenta ao Espírito desde os primeiros instantes da vida intra-uterina até o seu desencarne.

Do ponto de vista moral, esta fase caracteriza a anomia (a = *não* nomia = *lei*, regra). O bebê segue os próprios impulsos de atividade sensorial e motora. Para ele não há regras exteriores, mas somente a necessidade imperiosa de seu organismo fisiológico. Tudo na criança manda agir, avançar, olhar, pegar, chupar, experimentar. Tudo é atividade, ação, de início desorganizada, mas pouco a pouco controlada e coordenada. A necessidade fisiológica é imperiosa.

Experimentando as necessidades básicas do novo organismo que necessita de alimento e cuidados necessários ao seu desenvolvimento, vincula-se à figura materna que lhe satisfaz as necessidades básicas, recebendo também o alimento espiritual no aconchego do regaço materno, que lhe envolve em vibrações de carinho e amor.

Além do alimento material que propicia o desenvolvimento orgânico, a criança necessita do alimento espiritual, em forma de vibração. A aparência de inocência desperta nos pais o amor. O Espírito se vê envolvido em vibrações sutis, recebendo atenções e amor que percebe pelas vibrações que lhe alcançam a alma.

O amor e o carinho do adulto alimentam as regiões superiores da alma, o superconsciente onde se localiza o ideal superior e nobre que todo Espírito, filho de Deus, possui em si, em estado latente. O amor dos pais será, pois, forte estímulo a despertar o amor que o Espírito reencarnado possui em si mesmo, como filho e herdeiro de Deus que é.

O amor dos pais é tão necessário para o seu desenvolvimento afetivo como o leite materno o é para o desenvolvimento de seu organismo físico.

"O amor é alimento" nos ensina André Luiz em *Nosso Lar.*

Ao mesmo tempo, o ambiente vibratório emanado do amor dos pais protege o Espírito de vibrações nocivas ao seu desenvolvimento. A criança ainda conta com um Espírito protetor que permanece ao seu lado até a idade dos 7 anos, ocasião em que o processo reencarnatório estará consolidado. (Ver *Missionários da Luz* – André Luiz – cap. 13)

Os cuidados do plano espiritual auxiliam o reencarnante a receber o alimento espiritual adequado, ou seja, as vibrações de caráter superior e nobre, embasada no sentimento de amor.

A sabedoria Divina não perde tempo, aproveitando todas as oportunidades em favor do filho amado, que recebe dos dois mundos a energia superior adequada, conforme suas necessidades íntimas.

*

Até os três anos a criança está fortemente voltada à figura materna e ao lar. Suas necessidades básicas de alimentação e amor somente encontrarão no lar o material vibratório adequado ao seu desenvolvimento.

Aos **três anos,** aproximadamente, a criança adquire maior consciência do outro. Passa a imitar o mais velho e acelera o longo processo de descentração de si mesma.

A criança, embora de forma inconsciente, imita o que percebe ao seu redor. O ambiente moral e sentimental em que vive atua sobre ela. Não apenas os atos dos adultos, mas o sentimento, o estado vibratório é percebido pela criança.

A imitação não é simples cópia de um modelo, mas reconstrução do que é observado. Ao imitar, a criança está criando algo novo em si mesma, a partir do que observa no outro.

Ao imitar o adulto, passa a se identificar com certas pessoas. Ela brinca de médico, de dentista, de jardineiro, de vendedor, etc... Não se trata de fingimento, mas de identificação.

O leitor inteligente já percebeu a importância do exemplo do adulto e do ambiente que cerca a criança desta fase em diante.

O adulto consciente também perceberá a necessidade de melhorar a si mesmo, pois o exemplo que oferece, as vibrações que emite são de grande importância na educação da criança.

Do ponto de vista cognitivo, Piaget denomina o período dos 2 aos 7 anos de **período pré-operatório**, subdividindo-o em dois. De 2 a 4 anos (período pré-conceitual), desenvolve-se a função simbólica, quando a criança começa a compreender o símbolo: um pedaço de pau é um cavalo, toquinhos de madeira são soldados, etc... É a idade do "faz-de-conta". Aumenta gradualmente o uso da linguagem e do pensamento simbólico. No entanto, predomina o egocentrismo: conversa sozinha e brinca com os seus brinquedos, "fazendo" histórias e reproduzindo situações vividas. Adora ouvir histórias. Devemos entender por egocentrismo a incapacidade da criança de se colocar na posição do outro para tomar o ponto de vista daquela pessoa. O adulto "egocêntrico" poderia tomar o ponto de vista de outra pessoa mas não o faz. Tal posição no adulto caracteriza o egoísmo e o orgulho. Na criança é uma fase normal e transitória.

A coordenação motora se aperfeiçoa: linhagens, desenhos simples. De 4 a 7 anos (pensamento intuitivo) o pensamento ainda está intimamente ligado às suas percepções visuais. Não é capaz de relacionar entre si os diferentes aspectos de uma situação.Predomina a irreversibilidade no pensamento, sabe pensar de um modo, mas não do modo reverso. Como exemplo, citamos uma das experiências de Piaget: Uma criança de 4 anos é colocada diante de dois vidros idênticos, baixos e largos, contendo quantidades iguais de líquido e ela declara que eles contêm a mesma quantidade. Então, na frente da criança, o líquido de um vidro é colocado em outro vidro alto e fino. Agora, a criança afirma rapidamente que o vidro alto e fino contém mais líquido.

Outra experiência interessante que demonstra a dificuldade em descentralizar foi realizada por Piaget apresentando a uma criança de cinco anos uma caixa contendo 27 contas de madeira; 20 brancas e sete castanhas. Quando se pergunta se há mais contas brancas ou mais castanhas, a criança responde corretamente "brancas". Entretanto, quando se pergunta se há mais contas brancas ou mais contas de madeira, a questão não é compreendida. A criança está pensando nas contas como castanhas ou brancas, sentindo dificuldade em pensar nelas em outros termos, como madeira ou não.

*

Até os 3 anos, aproximadamente, ela acredita no mundo como ela o vê e não tem consciência de que existem outros pontos de vista. A consciência do outro surge gradativamente a partir dos três anos, quando a criança se volta aos mais velhos, observando suas brincadeiras e procurando imitar. Gradativamente, ela vai percebendo que existem outros pontos de vista além dos seus. Começa a se encaminhar para a fase de heteronomia moral. É bom lembrar que, segundo Piaget, as fases morais não constituem estágios propriamente ditos.

Nesta fase, a regra é algo "sagrado", que deve ser obedecida ao "pé da letra", não podendo ser mudada nem relativizada.

Ao mesmo tempo, aos 3-4 anos surge a fase dos "porquês" A criança começa a despertar para o outro, para o mundo, querendo saber o significado das coisas. "Porque sim!" não é resposta. As respostas devem ser dadas até o nível de compreensão da criança. Ela não consegue compreender raciocínios complexos ou abstratos. Respostas simples e objetivas satisfazem a sua curiosidade.

Piaget enfatiza a necessidade do respeito mútuo (faça ao outro o que gostaria que lhe fizessem) e o afeto do adulto, num ambiente de cooperação, como ingredientes indispensáveis para auxiliar a criança em sua passagem natural da heteronomia para a autonomia moral, quando a criança passará a compreender a necessidade das regras, abrindo-se para uma compreensão maior das leis naturais da vida, da lei de causa e efeito, das leis Divinas que regem mundos e seres.

A FORÇA DO EXEMPLO E A INFLUÊNCIA DO MEIO

"Desde o berço a criança manifesta os instintos bons ou maus que traz de sua existência anterior." (*O Ev.Seg.Espiritismo* – cap. XIV.9)

Mas a manifestação é gradual. À medida em que os órgãos se desenvolvem e ela interage com o meio, gradualmente, sua bagagem interior começa a se manifestar.

Assim, à medida em que a criança cresce, sua percepção do meio se amplia e a influência externa se torna maior. A importância do **exemplo** e do **meio ambiente** será fundamental na educação do Espírito reencarnado, nesses primeiros sete anos de sua nova existência.

Como já vimos, a partir dos 3 anos aproximadamente, o Espírito amplia sua convivência com o outro. Sua percepção aumenta e passa a receber de forma mais acentuada as vibrações do meio e o exemplo dos adultos.

O estímulo do meio atingirá os impulsos que estiverem em condições de serem ativados. Gradualmente, a criança vai reagindo aos estímulos exteriores.

Assim como a alimentação, as condições climáticas, a umidade do ar, etc... agem sobre o organismo físico da criança, também o alimento espiritual, as vibrações, pensamentos e ações agem sobre sua alma, ou seja, agem sobre a natureza anímica da criança.

Tudo o que acontece à sua volta, os exemplos que observa, os filmes que assiste, as histórias que ouve, as vibrações que a envolvem atuam de alguma forma no desenvolvimento intelectual e moral da criança.

"É pelo fluido mental com qualidades magnéticas de indução que o progresso se faz notavelmente acelerado. Pela troca dos pensamentos de cultura e beleza, em dinâmica expansão, os grandes princípios da Religião e da Ciência, da Virtude e da Educação, da Indústria e da Arte descem das Esferas Sublimes e impressionam a mente do homem, traçando-lhe profunda renovação ao corpo espiritual, a refletir-se no veículo físico que, gradativamente, se **acomoda** a novos hábitos." (*Evolução em Dois Mundos* – cap.XIII)

Vibrações de teor elevado despertarão os impulsos superiores e nobres ao mesmo tempo em que propiciam o desenvolvimento dos sentimentos superiores do superconsciente, visto ser a criança um ser perfectível.

No entanto, vibrações de teor inferior poderão acordar prematuramente impulsos do mesmo teor, propiciando o surgimento de sentimentos inferiores que o espírito guarda afinidade ou que cultivou no passado e que se encontram adormecidos em seu subconsciente.

As variações de humor podem ser naturais. As circunstâncias da vida podem propiciar a manifestação de certos sentimentos negativos, fazendo a criança oscilar, deixando transparecer crises de nervosismo, irritação, intranqüilidade que podem desaparecer com a mesma rapidez com que se manifestaram e, em pouco tempo, a criança retorna a brincar, feliz como antes.

No entanto, o leitor amigo há de perceber o que acontece quando a criança adota como modelo os "heróis" agressivos e violentos que a TV não cessa de oferecer, ou que a invigilância do adulto lhe oferece como exemplo. A imitação aparentemente inocente propicia a entrada em faixa vibratória de igual teor. A sintonia se estabelece, acordando prematuramente impulsos inferiores, em época que a criança deveria cultivar os melhores sentimentos que lhe servirão de sustentáculo mais tarde. É fácil compreender que o campo vibratório propicia interação não somente com a esfera física, mas também com os Espíritos que vibram na mesma sintonia. Os impulsos inferiores do passado, que porventura a criança traga dentro de si, surgem prematuramente. Os noticiários nos mostram crianças envolvidas na delinqüência e na prostituição infantil e, algumas vezes, em bárbaros crimes.

Contudo, a infância é propícia ao desenvolvimento dos sentimentos superiores. Ao sentir as vibrações superiores à sua volta, ao observar exemplos edificantes e ao adotar como modelo um personagem justo e bom, a criança tenderá a agir como ele age, o que equivale a dizer: vibrar no mesmo teor vibratório superior. Da mesma forma, a arte, a música, as artes plásticas, as brincadeiras salutares, as histórias de elevado teor, propiciam o clima adequado ao desenvolvimento pleno dos sentimentos superiores e nobres.

À medida em que seus impulsos do passado se manifestam gradualmente, com o desenvolvimento dos órgãos, o Espírito reencarnado terá sentimentos superiores e vibrações mais elevadas para trabalhar com seus próprios impulsos. O sentimento superior, aliado ao conhecimento espiritual que a Doutrina Espírita oferece, formará o alicerce sólido para o Espírito que está "construindo o próprio futuro santificante".

No futuro, as autoridades sanitárias se preocuparão com a higiene mental tanto quanto se preocupam hoje com a higiene física. As campanhas morais atingirão os lares, onde a vacina afetiva será aplicada através do cultivo dos bons sentimentos, dos exemplos edificantes. As mães se preocuparão com o alimento espiritual tanto quanto se preocupam hoje com o alimento físico.

As escolas exercerão ação educativa e preventiva dos males da alma. A educação terá um caráter terapêutico e profilático.

As casas espíritas devem pois, preparar-se para oferecer às crianças este ambiente salutar e eminentemente evangelizador, através da vivência dos princípios do Evangelho e do conhecimento superior que a Doutrina nos oferece.

3

DE SETE A QUATORZE ANOS

Aos sete anos, aproximadamente, ocorrem transformações importantes na vida do Espírito reencarnado.

André Luiz nos faz importantes revelações, sobre os primeiros sete anos da criança, no livro *Missionários da Luz*, item 13, ao relatar as palavras do instrutor espiritual Alexandre, sobre a reencarnação de Segismundo:

"– Meus amigos, o nosso Herculano permanecerá em definitivo junto de Segismundo, na nova experiência, até que ele atinja os sete anos, após o renascimento, ocasião em que o processo reencarnacionista estará consolidado. Depois desse período, a sua tarefa de amigo e orientador será amenizada, visto que seguirá o nosso irmão em sentido mais distante."

Piaget também nos cita etapas bem definidas de desenvolvimento, conforme vimos anteriormente, chamando o período de 2 a 7 anos de pré-operacional.

A Pedagogia Waldorf, de Rudolf Steiner, uma das poucas ciências pedagógicas de nosso tempo que compreende a criança como um Espírito reencarnado, também destaca a importância dos primeiros sete anos da criança. (Sugerimos a leitura de *A Pedagogia Waldorf* de Rudolf Lanz, Editora Antroposófica)

A CRIANÇA APÓS OS SETE ANOS

Segundo André Luiz, na obra citada, após os sete anos, o processo reencarnacionista está consolidado.

Percebemos, pois, claramente que, aos sete anos uma primeira etapa da nova reencarnação terminou e o Espírito está apto a iniciar nova etapa evolutiva na presente encarnação, integrado em seu novo corpo.

Piaget denominou o período de 7 a 12 anos de **Operatório Concreto**, destacando que,neste período, as operações desempenhadas pela criança estão intimamente relacionadas com os objetos e as ações concretas.

Devemos compreender que Piaget usa o termo operações para descrever ações cognitivas intimamente organizadas em uma rede ou sistema. O pensamento lógico ocorre, mas geralmente, apenas se houver objetos concretos disponíveis ou se experiências reais passadas forem relembradas. Por exemplo: se apresentarmos a uma criança de sete ou oito anos três blocos de diferentes tamanhos, ela poderá dizer, simplesmente olhando-os que A é maior que B e B é maior que C, portanto A é maior que C. Ela pode fazer isso logicamente, simplesmente observando os blocos. Entretanto, se lhe for proposto o mesmo problema sob forma abstrata, isto é, apenas em palavras, ela terá grande dificuldade em responder corretamente.Mesmo assim, este estágio representa um progresso no pensamento lógico da criança. Ela evolui em direção a um pensar cada vez mais abstrato, mas a transformação é gradual e lenta.

Em nosso caso, que trabalhamos com conceitos muitas vezes profundos, como desencarnação, reencarnação, mundo espiritual, etc..., temos necessidade de concretizarmos tais ensinamentos, utilizando objetos concretos como maquetes, fantoches e mesmo material de sucata, auxiliando a criança a uma real compreensão dos conteúdos em estudo, preparando-a para a próxima etapa onde deverá estar apta a compreender as idéias abstratas.

Do ponto de vista moral, Piaget destaca que a criança, embora na fase da moralidade heterônoma, caminha lentamente para a autonomia moral. Para auxiliar a criança em seu caminhar para a autonomia, Piaget destaca a necessidade da cooperação num ambiente de respeito mútuo, de reciprocidade entre educador e educando, embasado no afeto sincero.

Rudolf Steiner, criador da Pedagogia Waldorf, que analisa o desenvolvimento infantil por setênios, destaca: "A chave de ouro da educação durante o segundo setênio (7 a 14 anos) consiste, pois, em trabalhar com os sentimentos da criança, em apelar para sua fantasia criadora e em aumentar essas forças com imagens que as fecundem e elevem."

Destaca também a importância da musicalidade, considerando, contudo, o termo música, num sentido amplo: "O elemento musical tem por campo o tempo, e toda a vida sentimental de um indivíduo, os seus entusiasmos e tristezas, os anseios e as expectativas, a sístole e a diástole, são essencialmente elementos musicais, devido ao elemento rítmico que lhes é inerente." *(Pedagogia Waldorf,* de Rudolf Lanz – 2a. parte – item 2)

A Pedagogia Waldorf destaca o predomínio da vida sentimental, neste período. "A criança não pode pensar nem aprender nem conhecer qualquer fato sem que também esteja engajada emocionalmente. Ela acompanha tudo com reações sentimentais de simpatia ou de antipatia, de admiração, de entusiasmo ou de tédio...

A própria criança evolui durante esse período em direção a um pensar cada vez mais abstrato, mas a transformação das imagens e fenômenos em conceitos e regras deve-se processar paulatinamente. Daí o imperativo absoluto de que todo ensino, para realmente atingir a criança de maneira positiva, deve ser dado não de forma abstrata e teórica, mas sim a partir de fenômenos, de imagens que utilizem o manancial de forças de sentimento e de fantasia presentes na criança. (...)

Cada dia de aula deveria ser, para os alunos, uma série de vivências que lhes despertassem a admiração, o entusiasmo diante das maravilhas do mundo (...)

Além disso, o sentimento do belo deve ser cultivado por atividades artísticas e artesanais, isto é, pelo "fazer". *(Idem, idem)*

Rudolf Lanz, na mesma obra, destaca a importância da autoridade dos pais e professores junto às crianças desta idade (7 a 14), demonstrando que a autoridade nunca deve ser imposta à força, mas "deveria ser o resultado natural de um relacionamento baseado na veneração, no respeito e no reconhecimento inconsciente das qualidades superiores do educador (qualidades que este deve realmente se esforçar por possuir!)... Com a riqueza das forças sentimentais que o jovem possui nessa faixa etária, ele quer venerar, quer encontrar figuras ideais, quer amar. Não poderia haver educação harmoniosa se o educador não fosse admirado e aceito como autoridade natural, na base do amor."

Se a criança não encontra nos pais e professores esta autoridade sincera e leal, boa e responsável, que lhe dá segurança e que ela procura, mesmo inconsciente, como um ideal necessário ao seu desenvolvimento, a criança buscará seus ideais nos "heróis" da TV ou em colegas mais velhos e pode acontecer de se identificar com o "anti-herói", as figuras violentas, vingativas que a TV explora de modo irresponsável e danoso. O Espírito superior que reencarna, não encontrará pontos de identificação com tais "heróis", pois já venceu tais impulsos em si mesmo, nas vidas anteriores. Mas a maioria da população de nosso planeta, ainda possui tendências inferiores, dentro de si, impulsos que surgem à tona gradualmente, e poderá se identificar com as figuras inferiores que a TV apresenta como "heróis".

O Espírito reencarnado, que se preparou no Mundo Espiritual para uma nova etapa evolutiva no planeta, na fase infantil e na juventude, está sedento de ideais nobres, é um idealista e espera encontrar ideais nobres nos adultos que lhe orientam os passos.

O Espírito comprometido com as esferas inferiores, embora com menores possibilidades, também renasce para evoluir, e conta com a assistência amorável de Espíritos superiores que procuram aproveitar todas as boas tendências para despertar os ideais superiores da alma. Este necessita, mais do que todos, encontrar ideais nobres, adultos responsáveis, leais, sinceros que lhes orientem os passos e despertem em sua alma os poderes latentes que todos possuímos como filhos de Deus que somos.

Daí o imperativo dos pais e evangelizadores trabalharem juntos, procurando desenvolver em si mesmos os ideais nobres e superiores que desejam ver desabrochar em seus filhos e educandos. Somos todos alunos desta escola bendita de almas, onde Jesus é o Mestre por excelência, e o Evangelizador sincero necessita preparar-se, não só pedagogicamente falando, mas principalmente evangelizando-se a si mesmo, procurando, cada vez mais, vibrar em sintonia com Jesus, embora a nossa própria inferioridade.

"Vós sois a luz do mundo..." – disse Jesus à multidão que se aglomerava no sopé da montanha, embora fossem criaturas simples, humildes, velhinhos no fim da jornada, mulheres do povo com seus filhinhos no colo, doentes de todos os tipos.

"Brilhe a vossa luz diante dos homens para que vejam as vossas boas obras e glorifiquem o Pai que está nos Céus..." recomendou o Mestre a todos, traçando-lhes as diretrizes futuras de iluminação interior para servir aos ideais do Pai.

A autoridade aceita e baseada na carinhosa admiração substitui gradualmente a imitação, que predominou de 3 a 6/7 anos. O educador, pois, tem necessidade de "conquistar" a confiança e a admiração da criança se deseja auxiliá-la verdadeiramente. Naturalmente, imitação e autoridade carinhosa permanecerão juntas por alguns anos, enquanto a criança caminha gradualmente para uma fase de maior autonomia, preparando-se para a compreensão de conceitos abstratos, o que deve ocorrer após os 12-13 anos, quando o jovem passa a querer compreender, em essência, cada conceito e quando a autoridade do adulto chegará mesmo a ser posta à prova, como veremos no próximo ítem.

4
DE QUATORZE ANOS EM DIANTE

No livro *Missionários da Luz*, ítem 2, André Luiz nos relata profundas revelações feitas pelo Espírito Alexandre sobre a epífise e a idade de 14 anos:

"Não se trata de órgão morto, segundo velhas suposições. É a glândula da vida mental. Ela acorda no organismo do homem, na puberdade, as forças criadoras e, em seguida, continua a funcionar, como o mais avançado laboratório de elementos psíquicos da criatura terrestre. (...)"

"Aos catorze anos, aproximadamente, de posição estacionária, quanto às suas atribuições essenciais, recomeça a funcionar no homem reencarnado. O que representava controle é fonte criadora e válvula de escapamento. A glândula pineal reajusta-se ao concerto orgânico e reabre seus mundos maravilhosos de sensações e impressões na esfera emocional. Entrega-se a criatura, à recapitulação da sexualidade, examina o inventário de suas paixões vividas noutra época, que reaparecem sob fortes impulsos."

"Ela preside aos fenômenos nervosos da emotividade, como órgão de elevada expressão no corpo etéreo. Desata, de certo modo, os laços divinos da Natureza, os quais ligam as existências umas às outras, na seqüência de lutas, pelo aprimoramento da alma, e deixa entrever a grandeza das faculdades criadoras de que a criatura se acha investida."

O capítulo é extenso para ser aqui reproduzido no todo. Aconselhamos o amigo leitor a consultar diretamente no livro citado o seu capítulo 2 , intitulado *A epífise.*

Acrescentamos apenas que Alexandre chega a denominar a epífise como *glândula da vida espiritual do homem*, afirmando que ela "comanda as forças subconscientes sob a determinação direta da vontade."

Vemos, pois, claramente, o Espírito reencarnado aos 14 anos, aproximadamente, recapitulando sua sexualidade, inventariando suas paixões vividas em outras épocas, que reaparecem sob fortes impulsos. O jovem, pois, ver-se-á diante das emoções que cultivou no passado, sendo chamado ao reajuste dos canais de manifestações de suas energias interiores, retificando possíveis erros do passado e direcionando suas energias para os canais superiores da vida.

SEXO E IMPULSO CRIADOR

André Luiz, no livro *No Mundo Maior*, cap. 11, após ouvir uma preleção sobre sexo, inquirindo o instrutor da noite, analisou os movimentos da psicologia analítica iniciados por Freud e duas correntes distintas de seus colaboradores. Cita que Freud centraliza o ensino no impulso sexual, conferindo-lhe caráter absoluto, enquanto a primeira corrente, que lhe segue, estuda o anseio congênito da criatura, no que se refere ao relevo pessoal, à aquisição de poder, a segunda corrente destaca que além da satisfação sexual e da importância individualista, existe o impulso da vida superior, a idéia de superioridade. O instrutor de André Luiz revela que as três escolas se identificam e possuem certa dose de razão, faltando-lhes o conhecimento da reencarnação.

O instrutor revela ainda que todos os seres da criação trazem em si o impulso criador; no entanto, mais da metade dos Espíritos encarnados na Crosta da Terra se fixam nos movimentos instintivos, concentrando suas faculdades no sexo, não sabendo ainda criar sensações e vida senão mobilizando os recursos da força sexual. Grande parte das criaturas já conquistaram a razão, acima do instinto, entretanto, permanecem nos desatinos da prepotência e do capricho autoritário, famintas de evidência e realce. Apenas pequeno grupo de homens e de mulheres aprenderam a reger as energias próprias, em regime de responsabilidade, fixando-se na região sublime da superconsciência, absorvidos em idealismo superior.

"Não podemos afirmar que tudo, nos círculos carnais, constitua sexo, desejo de importância e aspiração superior; no entanto, chegados à compreensão de agora, podemos assegurar que tudo, na vida, é **impulso criador**. Todos os seres que conhecemos, do verme ao anjo, são herdeiros da Divindade que nos confere a existência, e todos somos depositários de faculdades criadoras. (...) E mais da metade dos milhões de espíritos encarnados na Crosta da Terra, de mente fixa na região dos movimentos instintivos, concentram suas faculdades no sexo, do qual se derivam naturalmente os mais vastos e freqüentes distúrbios nervosos; constituem eles compactas legiões, nas adjacências da paisagem primitiva da evolução planetária, irmãos nossos na infância do conhecimento, que ainda não sabem criar sensações e vida senão mobilizando os recursos da força sexual. Grande parte de criaturas, contudo, havendo conquistado a razão, acima do instinto, permanecem nos desatinos da prepotência, seduzidas pelo capricho autoritário, famintas de evidência e realce, ainda que atidas a trabalho proveitoso e a paixões nobres, muitas vezes... Pequeno grupo de homens e de mulheres, por fim, após atingir o equilíbrio sexual na zona instintiva do ser e depois de obter os títulos que lhes confere seu trabalho e com os quais dominam na vida, regendo as energias próprias, em pleno regime de responsabilidade individual, passam a fixar-se na região sublime, na superconsciência, não mais encontrando a alegria integral no contentamento do corpo físico ou na evidência pessoal; procuram alcançar os círculos mais altos da vida, absorvidos em idealismo superior; (...) Para esses, o sexo, a importância individual e as vantagens do imediatismo terrestre são sagrados pelas oportunidades que oferecem aos propósitos de bem fazer; entretanto, no santuário de suas almas resplandece nova luz... A razão particularista converteu-se em entendimento universal. Cresceram-lhes os sentimentos sublimados na direção do campo superior. Pressentem a Divindade e anseiam pela identificação com ela. São os homens e as mulheres que, havendo realizado os mais altos padrões humanos, se candidatam à angelitude...

"De um modo ou de outro, porém, tudo isto são sempre as faculdades criadoras, herdadas de Deus, em jogo permanente nos quadros da vida. Todo ser é impulsionado a criar, na organização, conservação e extensão do Universo! ..."

*

O assunto nos interessa pelo seu caráter eminentemente educativo. Podemos perceber a imensa importância da ação educativa desde os primeiros anos de vida, auxiliando o Espírito reencarnado a desenvolver sentimentos nobres e ideais elevados, que lhe servirão de sustentáculo no ressurgir de suas emoções mais fortes.

No livro *A Pedagogia Waldorf*, já citado, o autor destaca: "A atitude do amor pelo mundo e de admiração por tudo que é belo encontra nessa idade o despertar da consciência que se tem do próprio corpo. Dessa união resulta o amor físico, a concentração de todos os impulsos elevados do corpo astral num outro ser humano. O amor entre dois indivíduos de sexo oposto é a expressão mais bela desse amadurecimento. Mas a sexualidade é apenas a projeção dessa situação no plano corpóreo. O erotismo acompanha, portanto, como algo normal, a plenitude dos sentimentos entre duas individualidades. Naturalmente, se essa plenitude não existe, se a riqueza da vida sentimental ficou atrofiada no jovem devido a uma educação mal dirigida, então o erotismo irrompe nesse vazio e assume uma importância doentia e anormal. Se a civilização circundante, por motivos comerciais e outros, piores, enfatiza o sexo e estipula abertamente a equação "Amor=Sexo" e seu inverso, "Sexo=Amor", a animalização generalizada dos sentimentos (com sua escala de valores) tem de manifestar-se, forçosamente..."

Não é difícil compreender que, se o Espírito não cultivou sentimentos elevados, se não possui canais superiores e nobres por onde suas energias e emoções possam se manifestar, o jovem somente terá como canais de suas energias o erotismo ou a agressividade, como sede de poder e fome de evidência e realce. Os canais de comunicação, especialmente o cinema e a televisão, exploram largamente tanto o erotismo como a agressividade e a violência, criando campo propício para o desenvolvimento de sentimentos inferiores. O sentimento de amor, o respeito mútuo, a benevolência e a fraternidade não recebem estímulo necessário.

Importa, pois, auxiliar o jovem no despertar das mais belas qualidades da alma. O sentimento de amor, nas suas mais variadas nuanças, desperta e desabrocha qual botão de flor a se abrir espalhando seu perfume ao redor. O ideal nobre e elevado passa a ser cultivado, direcionando as energias interiores da alma para os canais elevados da sensibilidade.

*

No aspecto cognitivo, Piaget destaca que a fase final do desenvolvimento intelectual começa nos primeiros tempos da adolescência, quando o jovem será capaz de lidar não só com as situações reais e concretas, mas também de pensar logicamente sobre coisas abstratas. Capacidade de resolver problemas abstratos, adquirindo o pensamento científico.

O adolescente adquire a capacidade de raciocinar cientificamente, formando hipóteses e comprovando-as na realidade ou em pensamento. Enquanto o pensamento de uma criança na fase anterior envolve objetos concretos, o adolescente já pode imaginar possibilidades. Quando atinge 15 anos de idade, o adolescente está apto a usar operações lógicas e lógica formal, à maneira adulta, na resolução de problemas,

A autoridade do adulto pode ser contestada nesta etapa. O adulto consciente, seja pai, professor ou evangelizador, não deve se preocupar em demasia com tal fato, mesmo que sua autoridade seja desafiada e o jovem exija provas e explicações, pois isto representa, de um lado, o desejo de auto-afirmação, sadio e necessário para que o jovem adquira auto-confiança, e por outro lado, representa o amadurecimento da razão e a aquisição do pensamento científico, próprio da fase que Piaget chama de operações formais.

As reais qualidades do educador, tanto sua capacidade intelectual como sua integridade moral são fundamentais para adquirir a confiança do jovem.

No final desta fase, em tese, o indivíduo atingiria a sua autonomia tanto moral quanto intelectual.

No entanto, Piaget afirma que, de acordo com suas pesquisas, apenas 20% da população do planeta alcançou plenamente o estágio do pensamento formal, do pensamento abstrato. Embora as pesquisas de Piaget sejam restritas à Suíça, principalmente, e alguns países europeus, acreditamos que a maioria dos Espíritos reencarnados neste mundo se encontram ainda em estágio inferior de elevação. Os Espíritos nos orientam que nosso Planeta ainda está na categoria de "expiação e provas", caminhando para um mundo melhor de "regeneração".

DESCENTRAÇÃO

Essa passagem gradual de um egocentrismo dos primeiros anos de vida, caracterizado pela anomia, por um amor-apego, até plena autonomia, ao amor-universal, representa a evolução do Espírito, que naturalmente não ocorre apenas em uma encarnação, mas através dos milênios de esforço e trabalho na construção de si mesmo.

No entanto, o Espírito avança, lenta e gradualmente a caminho da perfeição.

Temos, pois, o Espírito reencarnado em sua romagem evolutiva, manifestando-se gradualmente conforme o amadurecimento dos órgãos e a interação com o meio, vencendo os desafios que a vida oferece, aprendendo e avançando, aperfeiçoando-se e evoluindo. Em cada encarnação revive as etapas passadas, afastando-se lentamente do próprio egocentrismo, num processo de descentração de si mesmo, fase por fase, etapa por etapa, lenta e gradualmente, mas sempre avançando, refazendo caminhos, aperfeiçoando a inteligência e o sentimento.

O processo educativo, pois, representa a bondade Divina que permite que o superior auxilie o que lhe vem atrás, sem ferir-lhe o livre-arbítrio, mas oferecendo o estímulo e a energia necessários à sua elevação, pois cada Espírito é responsável pelos seus próprios atos, e deve, por força da lei Divina, avançar pelo próprio esforço, construindo a si mesmo, no dizer de Calderaro (*No Mundo Maior* – cap. 4), ou construindo suas estruturas de raciocínio, aprendendo a pensar, a raciocinar, bem como construindo os valores morais e ampliando sua capacidade vibratória, que lhe marcarão o estágio evolutivo alcançado por ele, através de seu próprio trabalho.

A ação educativa, sabiamente aplicada conforme as etapas de desenvolvimento do Espírito em sua nova encarnação, oferece-lhe a oportunidade de trabalhar por si mesmo, da melhor maneira, aproveitando as oportunidades que o Pai oferece a cada um de seus filhos amados.

*

A verdadeira educação, pois, é aquela que auxilia o Espírito no desenvolvimento integral de seu potencial interior, iluminando, esclarecendo, orientando, oferecendo a oportunidade de construção de si mesmo, através do próprio esforço.

Daí a necessidade imperiosa do professor ou do evangelizador que deseja servir Jesus no imenso trabalho de evangelização da humanidade, de evangelizar-se, procurando vibrar cada vez mais em sintonia com o mais Alto.

A criança ou o jovem, observando as atitudes do evangelizador e dos adultos à sua volta, como luzeiros a lhes iluminar o caminho e estimulando-os a abrir espaço em seus corações, ajudam-nos a sintonizar com as vibrações de teor elevado e a criança e o jovem, em sintonia com tais vibrações, dirigem suas ações para tais caminhos superiores, desenvolvendo, assim, seu potencial superior e nobre.

As atitudes do educador não devem ser apenas externas, mas vindas das profundezas de sua alma, com convicção e firmeza, com fé e determinação.

Atividade prática, trabalho e ação, exemplificação e vivência no bem, constituem a tônica do processo evolutivo do Espírito.

Pestalozzi definiu de maneira brilhante a força interior que leva o ser a agir, a prosseguir, a avançar, desenvolvendo pelo próprio trabalho o seu potencial interior:

"O olho quer ver, o ouvido ouvir, o pé quer andar e a mão agarrar. Da mesma forma o coração quer crer e amar e o espírito quer pensar. Existe em cada um dos dotes da natureza humana um impulso que os faz elevar do estado elementar primitivo ao de adaptabilidade e perfeição. O inculto que ainda existe em nós é apenas um germe em estado potencial e não a verdadeira potencialidade." (*O Canto do Cisne*, última obra de Pestalozzi).

Existe, pois, dentro de cada criatura, um impulso superior que lhe manda avançar, evoluir, progredir.

Os estímulos do meio despertam a **vontade,** estimulando a ação, desenvolvendo os poderes latentes de cada um, desenvolvendo a **inteligência** e o **sentimento**.

5

A CRIANÇA PRODÍGIO TENDÊNCIAS E APTIDÕES

A história nos mostra exemplos de Espíritos que tiveram a manifestação de sua genialidade desde tenra idade. Tal é o exemplo de Mozart no campo da música que, com apenas 4 anos de idade, já executava com maestria ao piano e, aos 8, compôs sua primeira ópera. Paganini, ainda criança, tocava violino de maneira maravilhosa. Pascal descobriu a geometria plana aos 12 anos.

Léon Denis nos conta que "William Hamilton estudava o hebraico aos 3 anos, e aos 7 possuía conhecimentos mais extensos do que a maior parte dos candidatos ao magistério. "Estou vendo-o ainda, dizia um de seus parentes, responder a uma pergunta difícil de Matemática, afastar-se depois, correndo aos pulinhos e puxando o carrinho com que andava a brincar."

Aos 13 anos conhecia doze línguas, aos 18 pasmava toda a gente da vizinhança..." (*O Problema do Ser, do Destino e da Dor* - 2a.parte - item XV).

Willy Ferreros, com 4 anos e meio dirigia com maestria a orquestra do "Folies-Bergère", de Paris e depois a do Cassino de Lyon.

O *Le Soir*, de Bruxelas (n. 25 de julho de 1900) na enumeração que faz de algumas crianças notáveis, cita:

"Entre os rapazes-prodígio do Novo Mundo, devemos citar um, o engenheiro George Steuber, que conta 13 primaveras, e Harry Dugan, que ainda não completou nove anos. Harry Dugan acaba de fazer uma excursão de 1.000 milhas (cerca de 1.600 quilômetros) através da República estrelada, onde realizou negócios colossais para a casa que representa. Por mais incrível que pareça, a Universidade de Nova Orleans acaba de passar diploma de médico a um estudante com 5 anos de idade, chamado Willie Gwin. Os examinadores declararam depois, em sessão pública, que o novel Esculápio era o mais sábio esteólogo a que haviam passado diploma. Willie Gwin é filho de um médico conhecido.

A este propósito, os jornais transatlânticos publicam uma lista de meninos-prodígio. Um deles, mal contando onze anos de idade, fundou recentemente um jornal intitulado *The Sunny Home*, cuja tiragem, no terceiro número, era já de 20.000 exemplares. Pierre Loti e Sully Prudhomme são colaboradores do *Chatterton* americano.

Entre os pregadores célebres dos Estados Unidos, cita-se o jovem Dennis Mahan, de Montana, que, desde 6 anos, causava pasmo aos fiéis pelo seu profundo conhecimento das Escrituras e pela eloqüência da sua palavra." (Citado no livro *O Problema do Ser, do Destino e da Dor*, de Léon Denis)

De um lado, somente os renascimentos sucessivos nos fazem compreender a facilidade apresentada por certas crianças chamadas "prodígios" de assimilarem certos conhecimentos ou de demonstrarem tremenda habilidade física ou mental para certas áreas do conhecimento e das artes. De outro lado, compreendemos que cada Espírito renasce com sua bagagem própria, elaborada por ele mesmo em vidas anteriores e, portanto, cada criança reagirá de forma diferente aos estímulos do meio físico ou espiritual que a cerca.

Isso implica em que, ao analisarmos as etapas de desenvolvimento do Espírito em sua nova encarnação, devemos levar em conta que cada Espírito é um ser em particular, que traz consigo uma bagagem do passado que poderá se manifestar muito cedo, revelando sua genialidade, como nas "crianças-prodígio" ou poderá apresentar sérios bloqueios na manifestação de sua inteligência, como na criança excepcional.

Além dos casos mais notáveis das crianças-prodígio, toda criança manifesta preferências, tendências, habilidades e pendores para certas áreas do conhecimento que representam os esforços do passado.

Léon Denis em *O Problema do Ser, do Destino e da Dor* nos relata:

"O trabalho anterior que cada Espírito efetua pode ser facilmente calculado, medido pela rapidez com que ele executa de novo um trabalho semelhante, sobre um mesmo assunto, ou também pela prontidão com que assimila os elementos de uma ciência qualquer. Deste ponto de vista, é de tal modo considerável a diferença entre os indivíduos, que seria incompreensível sem a noção das existências anteriores."

"Duas pessoas igualmente inteligentes, estudando determinada matéria, não a assimilarão da mesma forma; uma alcançar-lhe-á à primeira vista os menores elementos, a outra só à custa de um trabalho lento e de uma aplicação porfiada conseguirá penetrá-la. É que uma já tem conhecimento dessa matéria e só precisa de recordá-la, ao passo que a outra se encontra pela primeira vez dentro de tais questões."

O professor ou evangelizador poderá, pois, deparar-se com um Espírito muitíssimo mais elevado do que ele e sua tarefa será auxiliá-lo a desenvolver sua potencialidade interior e não fazê-lo chegar até onde ele, evangelizador, chegou. O Espírito poderá ir muito além e o professor tem o dever de auxiliar o seu desenvolvimento na área em que ele naturalmente se destacar. Mesmo o Espírito superior necessita do apoio dos pais, amigos e evangelizadores para ampliar suas habilidades inatas e desenvolver novas aptidões, cumprindo a tarefa ou missão que deve realizar em nosso mundo.

6

OS BLOQUEIOS NA MANIFESTAÇÃO DO ESPÍRITO

"O Espírito progride através de uma insensível caminhada ascendente, mas o progresso não se realiza, simultaneamente, em todos os sentidos; em uma etapa ele pode avançar em ciência, em outra em moralidade." (*O Livro dos Espíritos* – pgta. 365)

Pode ocorrer que um Espírito que avançou muito na inteligência, não desenvolveu da mesma forma as faculdades morais. Poderá, pois, necessitar de bloqueios das manifestações intelectuais em determinada existência física.

Os Espíritos nos instruem que as faculdades são do Espírito e que não são os órgãos que dão as faculdades, mas as faculdades que conduzem ao desenvolvimento dos órgãos. Todavia o corpo físico pode enfraquecer ou mesmo ser um obstáculo à livre manifestação das faculdades do Espírito.

Em *O Livro dos Espíritos*, pgta. 368, temos:

"O Espírito exerce, com toda liberdade, suas faculdades depois da sua união com o corpo?

– O exercício das faculdades depende dos órgãos que lhes servem de instrumento; elas são enfraquecidas pela grosseria da matéria.

– Segundo isso, o envoltório material seria um obstáculo à livre manifestação das faculdades do Espírito, como um vidro opaco se opõe à livre emissão da luz?

– Sim, e muito opaco.

"(...) existem casos em que a matéria oferece uma resistência tal que as manifestações são obstadas ou desnaturadas, como na idiotia e na loucura." (comentário da pgta. 372)

Pgta. 373 (2.parte) – Um corpo de idiota pode, assim, abrigar um Espírito que animou um homem de gênio na existência precedente?

– Sim, o gênio, às vezes, torna-se um flagelo quando dele se abusa."

Assim, uma criança que renasce com graves bloqueios na inteligência pode ser um Espírito que possui poderosas estruturas mentais, ou seja, grande inteligência, mas que teve a necessidade de desenvolver o seu aspecto moral, bloqueando, assim, suas estruturas mentais que não lhe permitirão novas incursões no campo da inteligência que, sem o desenvolvimento da moral, lhe fariam novamente utilizar mal essa inteligência.

Ao lado dos bloqueios mais sérios, como a criança excepcional, o Espírito poderá solicitar os mais variados tipos de bloqueios, conforme suas necessidades evolutivas.

Assim, no meio mais humilde, exercendo profissões simples, poderemos nos deparar com grandes inteligências. Artistas do passado renascem com determinados bloqueios, por exemplo, na voz, impedindo-lhes de se expressar naquela área, conduzindo-os ao desenvolvimento de outros aspectos de que tenha maior necessidade.

Todo Espírito, contudo, renasce para evoluir e a tarefa do educador será sempre auxiliar a sua evolução, buscando os canais superiores de manifestação, disponíveis para o desenvolvimento, estimulando-os e incentivando seu progresso no bem. O que não canta, pinta, o que não pinta, modela, escreve, desenha, trabalha enfim em alguma área em que demonstra certa aptidão e que deverá ser aproveitada pelo educador, para o desenvolvimento de outras áreas correlatas.

7

RECAPITULAÇÃO INTELECTUAL E MORAL

Um último aspecto a analisar quanto às etapas do desenvolvimento da criança-Espírito reencarnado, é quanto ao recapitular de experiências pretéritas.

No item 5 do cap. 3, observamos que o Espírito, ao reencarnar, recapitula, na fase embriogênica, a evolução filogenética de todo o reino animal. Percebemos também que, após o nascimento, manifesta gradualmente, etapa por etapa, todo o patrimônio evolutivo conquistado pelos milênios de experiências na condição de humanidade.

Nos estágios do desenvolvimento cognitivo de Piaget, podemos observar a semelhança espantosa com o próprio desenvolvimento da humanidade terrestre.

A criança de 0 a 2 anos desenvolve a inteligência sensório-motora, recapitulando, em termos de estrutura, a fase primitiva de sua existência como criatura humana. Reconstrói nesta fase as estruturas construídas no Paleolítico inferior, na primeira etapa da pré-história.

A criança de 2 a 7 anos desenvolve a Inteligência Pré-Operacional que Piaget divide em dois estágios:

De 2 a 4 anos, o período Pré-conceitual, onde a criança desenvolve a função simbólica, aumentando gradualmente o uso da linguagem, predominando, contudo, o egocentrismo. Lá no passado longínquo, vamos encontrar ainda no paleolítico (superior) o surgimento da linguagem e do pensamento contínuo.

"Pela compreensão progressiva entre as criaturas, por intermédio da palavra que assegura o pronto intercâmbio, fundamenta-se no cérebro o pensamento contínuo e, por semelhante maravilha da alma, as idéias-relâmpagos ou as idéias-fragmentos da crisálida de consciência, no reino animal, se transformam em conceitos e inquirições, traduzindo desejos e idéias de alentada substância íntima." (*Evolução em Dois Mundos* – Cap. X – André Luiz)

O Mundo Espiritual já exerce sua influência através das idéias: "Em verdade, a mente da era paleolítica mostra-se, ainda, limitada, nascitura, mas não tanto que não possa absorver, embora em baixa dosagem, as idéias renovadoras que lhe são sugeridas no Plano Superior". (*Evolução em Dois Mundos* – cap. XIII)

De 4 a 7 anos, temos a fase do pensamento intuitivo, predominando a irreversibilidade no pensamento (sabe pensar de um modo, mas não do modo reverso) e que se assemelha ao homem do final do Paleolítico e início do Neolítico, da Idade da Pedra Polida, onde surgem as primeiras obras de arte de bom acabamento, o artesanato e a cerâmica. Os primeiros cálculos matemáticos se reduziam à soma, demonstrando a incapacidade da reversibilidade do pensamento.

Na idade da Pedra Polida, com o aperfeiçoamento do artesanato e da cerâmica, o homem primitivo desenvolve o raciocínio lógico aplicado aos objetos concretos. Assim, podemos comparar o período Operatório Concreto, de 07 a 11-12 anos, onde as operações desempenhadas pela criança estão intimamente relacionadas com os objetos e as ações concretas ao final do Neolítico, se estendendo até a Idade Média, onde o homem se viu privado do poder de raciocinar, pela imposição dogmática da Igreja Romana.

Com o renascimento das artes e da cultura no século XV, inicia-se o desenvolvimento da razão, do raciocínio científico, característica fundamental do estágio que Piaget denomina de Operações Formais, onde o jovem é capaz de lidar não só com as situações reais e concretas, mas também de pensar logicamente sobre coisas abstratas, adquirindo o pensamento científico.

A semelhança é notável, o que nos leva a pensar que a criança, a partir do nascimento, está recapitulando as estruturas construídas pelo Espírito no longo transcurso evolutivo pelos milênios, ou seja, reconstruindo-as através da interação com o meio, aperfeiçoando-as e preparando-se para a construção de estruturas em níveis superiores, numa seqüência evolutiva onde tudo se encadeia de forma perfeita. Novamente concluímos que a ontogênese repete a filogênese, ou seja, o desenvolvimento do indivíduo (desde a fecundação até a maturidade) repete a história evolucionária das espécies.

*

No aspecto do juízo moral da criança, analisado por Piaget, percebemos ocorrer a mesma semelhança.

O homem primitivo permanece na fase de anomia, não conhece regras ou leis, mas obedece o impulso interior de atender às necessidades básicas de sua sobrevivência e reprodução. Os povos primitivos se formavam sob o império da força física, sem leis estabelecidas.

Temos em Moisés e nos 10 Mandamentos as primeiras regras básicas que representam as Leis Divinas no ocidente. No entanto, Moisés teve que manter, pelo temor, um povo naturalmente indisciplinado, chegando a estabelecer novas leis, além dos dez mandamentos de origem divina. Marca-se com a Lei Mosaica o início da heteronomia da Humanidade.

Temos no século V a.C., aproximadamente, a cultura grega representando o exemplo superior em quase todas as áreas da cultura e das artes, possíveis da humanidade terrena receber.

Cinco séculos depois, o sublime exemplo de Jesus nos fornece as bases da moral mais elevada.

A humanidade passa a aprender com o exemplo, ensaiando os primeiros passos para a autonomia.

No entanto, do séc. V ao séc. XV, temos a Idade Média, época obscura de autoritarismo e imposição dogmática, onde se procura manter a heteronomia da humanidade sob o jugo impositivo da Igreja Romana e do Estado, que impõem regras que devem ser seguidas à risca, sem possibilidades de interpretações diferentes daquelas apresentadas pela Igreja e pelo Estado.

Após mil anos de Idade Média, no século XV, temos o Renascimento, principalmente da cultura grega e a libertação da religião do exclusivismo católico. A humanidade começa a construir lentamente a sua autonomia moral e intelectual. O princípio da livre discussão reacende a própria razão. Os valores são contestados, nada mais é aceito sem análise criteriosa. A humanidade se assemelha ao adolescente que se abre para o mundo, buscando firmar-se por si mesmo, contestando muitas vezes a autoridade do adulto e buscando explicações lógicas e racionais.Neste borbulhar efervescente, surge luminosa e bela a Doutrina Espírita, oferecendo explicações racionais, capaz de atender à fome de explicações que avassala o coração humano. A razão dos mais exigentes encontra luz e se acalma, embora os preconceitos ainda pululem por toda parte. A fé raciocinada, prepara o caminho para um novo renascimento. Não mais o renascimento das artes e da cultura, mas o próprio renascimento do Cristianismo, nos moldes dos primeiros tempos. Estamos, pois, no limiar de um renascimento Espiritual da Humanidade, onde o Evangelho de Jesus será compreendido pela luz da razão, assumindo com toda a autoridade da ciência e da filosofia a diretriz evolutiva do planeta. "Ninguém vem ao Pai senão por mim..." não foram palavras vãs, mas nos demonstra que o Evangelho de Jesus é o caminho para o progredir evolutivo da humanidade, para a verdadeira educação, a EDUCAÇÃO DO ESPÍRITO. A nova etapa evolutiva da humanidade será de vivência dos princípios do Evangelho, embasado na luz da razão.

A nova educação, pois, surgirá dos corações simples e sinceramente comprometidos com o Cristo, que saberão iluminar a razão e o coração, a partir da própria exemplificação, uma vez que a humanidade, em sua nova etapa evolutiva, não mais tolerará os falsos profetas, mas buscará, fremente, os valores nobres, ideais elevados, corações sinceros capazes de amar e servir.

A humanidade caminhará, embora lentamente, no transcurso dos séculos, à plena autonomia moral e intelectual que caracteriza o Espírito superior e nobre que sabe colaborar com o Pai na sua própria escalada evolutiva.

O Sol do Evangelho apenas desponta no horizonte dos séculos. Saudemos o novo dia que surge, repleto de esperanças de um porvir brilhante de sabedoria e amor, deixando para traz as névoas da ignorância e do egoísmo.

Capítulo Sexto

MODELO EDUCACIONAL ESPÍRITA

1

MODELO EDUCACIONAL ESPÍRITA

Pelo que já estudamos até agora, podemos perceber que o modelo educacional que a Doutrina Espírita nos apresenta baseia-se na interação do indivíduo com o meio, de forma gradual e constante. Além do meio social em que vive, o indivíduo recebe constantemente a influência do meio espiritual, com ele interagindo.

Traz consigo sua bagagem milenar que representa suas conquistas de muitas vidas passadas (subconsciente).

Traz também em si mesmo o "germe da perfeição", o ideal nobre e superior (superconsciente) que lhe caberá construir pelo esforço próprio através da ação na vida presente (consciente).

O Espírito evolui, pois, através da ação constante nos dois

mundos, material e espiritual, utilizando sua bagagem do passado, interagindo com o meio no presente e recebendo a inspiração superior que pode perceber devido ao "germe da perfeição" que possui em si mesmo, construindo, assim, seu próprio futuro.

"Para que nossa mente prossiga na direção do Alto, é indispensável se equilibre, valendo-se das conquistas passadas, para orientar os serviços presentes, e amparando-se, ao mesmo tempo, na esperança que flui, cristalina e bela, da fonte superior de idealismo elevado; através dessa fonte ela pode captar do plano divino as energias restauradoras, assim construindo o futuro santificante." *(No Mundo Maior – cap.4)*

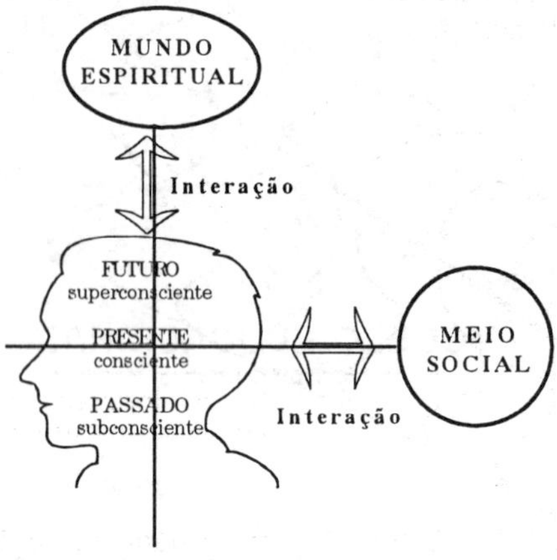

Modelo pedagógico da Doutrina Espírita

No esquema representativo, a linha horizontal representa os esforços do presente no mundo material e a linha vertical representa a interação com o Mundo Espiritual e a inspiração superior que verte de mais alto, cristalina e bela, mas que será recebida pelo Espírito reencarnado conforme sua capacidade de recepção. Daí a importância de melhorarmos nossa capacidade receptiva. "A cada um segundo suas obras", nos lembram mais uma vez os ensinamentos de Jesus.

Assim, a Doutrina Espírita nos demonstra que no indivíduo existe o ***inatismo***, idéias inatas já construídas no passado, e ao mesmo tempo o ***germe da perfeição*** que ainda irá se desenvolver, mas que já existe em estado latente. .

Mas essa herança Divina deverá ser conquistada pelo esforço próprio, e isto acontece através da interação do indivíduo com o seu meio, física e espiritualmente falando. É o presente de trabalho e realização.

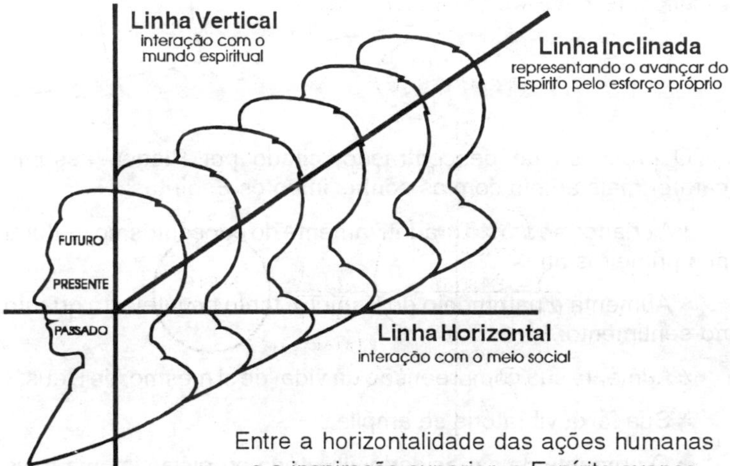

Entre a horizontalidade das ações humanas e a inspiração superior, o Espírito avança para frente e para cima

A linha inclinada representa o avanço do Espírito que, lenta e gradualmente, interage com o meio físico e o meio Espiritual, construindo, pelo esforço próprio, a si mesmo.

Em sua escalada evolutiva, o Espírito aumenta sua capacidade perceptiva e receptiva. Vibrando em tônus mais elevado, entra em sintonia com as esferas superiores, com as inteligências que vibram na mesma freqüência.

O aumento da capacidade vibratória determina sintonia mais elevada. O Espírito pode perceber e sentir coisas que antes não podia. Seu estado vibratório determina seu estado perceptivo e receptivo

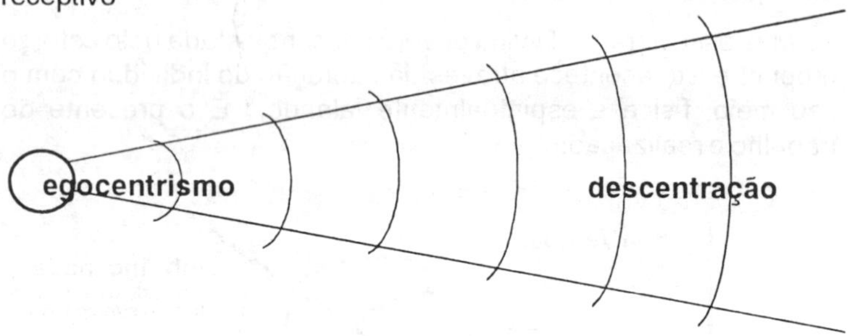

O processo de descentração, citado por Piaget, assume caráter mais amplo com os conhecimentos Espíritas:

* A criança se afasta gradativamente do egocentrismo, natural nos primeiros anos...

* Aumenta o patrimônio do Espírito, tanto no intelecto quanto no sentimento...

* Aumenta sua compreensão da vida, de si mesmo, de Deus...

* Sua faixa vibratória se amplia...

* O aumento da capacidade vibratória propicia sintonia mais elevada...

* Aumenta sua percepção e o Espírito consegue compreender e sentir de forma mais ampla e profunda, entrando no lado espiritual da vida...

* Compreende e sente no íntimo de seu ser que é realmente filho de Deus, evoluindo constantemente a caminho da perfeição.

Do egocentrismo o Espírito atinge, gradativamente, o ser universal, o **cidadão do Universo.**

2

PEDAGOGIA COMPARADA

Existem várias teorias que procuram explicar como ocorre o conhecimento.

Uma análise, mesmo rápida e sucinta, dos principais pensadores nesta área, facilitará nossa compreensão da realidade pedagógica que a Doutrina Espírita nos apresenta.

Reduziremos nossa análise às três maneiras principais de se encarar a relação do indivíduo e do meio, e como ocorre a aprendizagem. Temos, pois, três visões de modelos pedagógicos, com influência na filosofia, na psicologia, na sociologia e conseqüentemente, na educação.

1. O conhecimento é externo ao indivíduo. O conhecimento está no meio.

Nesta linha se destacam:

Look e Home, na **filosofia**, expoentes do **empirismo** inglês, afirmando que todo o conhecimento vem de fora, da experiência. A criança é uma tábula rasa, uma folha em branco, onde o educador escreve o que quiser. O professor é o dono da sabedoria.

Watson e os Behavioristas, na **psicologia**, destacando o condicionamento do comportamento através de estímulo e resposta. Também se inclui Skinner: somos frutos do condicionamento.

Durkeim, na **sociologia**, destacando o Direito Punitivo (punição pelo medo, ou seja, quando a sanção não tem relação com a falta cometida. Exemplo (em sala de aula): O aluno não fez a tarefa de casa. O professor o proibe de sair para o recreio, para que ele sirva de exemplo aos demais. Com Durkeim exalta-se a idéia de prisão (mas não a idéia de educar o culpado).

Não só o conhecimento, mas a moral é algo que se ensina de fora para dentro. O certo ou errado está fora de mim (no Estado, na escola, na igreja, etc...) e não em minha consciência. Do ponto de vista pedagógico, o professor é o "dono da verdade", o "senhor do conhecimento". O aluno recebe o conhecimento pronto.

Tal visão tende a perpetuar a **heteronomia.**

*

2. O conhecimento é interno ao indivíduo.

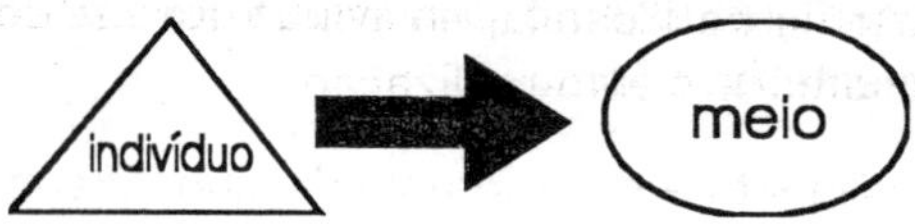

Antepondo-se ao **empirismo,** temos o **racionalismo**, revivendo o platonismo e trazendo à tona as "***idéias inatas***" que revive a "teoria da reminiscência" de Platão, valorizando e exaltando a razão.

O racionalismo moderno tem seu ponto de partida em Descartes (1596-1650), que constrói todo um sistema de conceitos universais fundamentados em idéias inatas. Seguindo Descartes, temos Pascal, Spinoza, Leibniz e Wolff. No séc. XVII o racionalismo expressava um aspecto metafísico e religioso, onde Deus é feito a suprema garantia das verdades racionais e, portanto, o Universo pode ser concebido como inteligível. No séc. XVIII, a razão era vista como um instrumento pelo qual o homem poderia dissolver a obscuridade que o cerca.

Kant (1724-1804), na **filosofia** (e na metafísica), se antepondo ao empirismo de Home, afirma que existem conhecimentos que não dependem da experiência. A verdade se impõe por lógica, da mesma forma o que é necessário e universal não depende da experiência. Toda matéria ocupa um lugar no espaço; a Terra gira em torno do Sol, são fatos. Kant propõe que tais conhecimentos já existem ***a priori***, antes mesmo da experiência. Não podemos imaginar, de forma alguma, que duas vezes dois dará outro resultado que não quatro. O ***a priori*** tem validade universal e necessária e, portanto, não depende da experiência.

Na **psicologia** temos Rogers, antepondo-se a Skiner, demonstrando que o conhecimento vem da vontade do indivíduo e não de um condicionamento externo. O indivíduo deve se desenvolver num clima de liberdade e auto-realização.

*

3. O conhecimento vem da interação do indivíduo com o meio.

Destacamos Hegel, na **filosofia**, com o método dialético, indicando a possibilidade de duas coisas estarem ligadas entre si, ao mesmo tempo. Temos defeitos e virtudes. Assim, tanto os empiristas como os racionalistas detinham uma parcela da mesma verdade.

Desta linha de pensamento também se destaca Piaget, principalmente na **psicologia,** declarando que o conhecimento vem da integração do indivíduo com o meio. É necessário o esforço construtivo. Através da experiência o indivíduo constrói o conhecimento dentro de si mesmo.

Também destaca-se Vygotsky atribuindo importância extrema à interação social no processo de construção das funções psicológicas humanas.

Os métodos ativos, que destacam a participação ativa do aluno, enquadram-se neste terceiro modelo, como lembra Piaget, ao lembrar os vultos da ***escola nova*** ou ***escola ativa*** e dos métodos que destacam a participação ativa do educando em seu próprio processo de desenvolvimento.

O terceiro modelo pedagógico conduz o educando à **autonomia** moral e intelectual.

A Doutrina Espírita nos apresenta um quarto modelo, também interacionista, que amplia consideravelmente o horizonte pedagógico, conforme analisamos no próximo item.

3

ANÁLISE DO MODELO PEDAGÓGICO ESPÍRITA

O modelo pedagógico que a Doutrina Espírita nos apresenta, não anula os esforços da humanidade na pedagogia, na psicologia e na filosofia.Pelo contrário, demonstra com clareza a importância de cada pensador, os erros e excessos de cada linha de pensamento, ampliando e iluminando com intensidade o patrimônio cultural e espiritual da humanidade.

*

Ao demonstrar que o homem é um Espírito reencarnado, trazendo consigo uma bagagem milenária, resgata as "idéias inatas" e a teoria da reminiscência de Platão, ao mesmo tempo em que se identifica com os racionalistas, ao apresentar a fé apoiada e fortalecida pela razão.

Ao demonstrar que o Espírito possui em si mesmo o "germe da perfeição", confirma Pestalozzi e nos faz lembrar do "a priori" de Kant, estudado também por Piaget, e o "vir a ser" de outras correntes filosóficas.

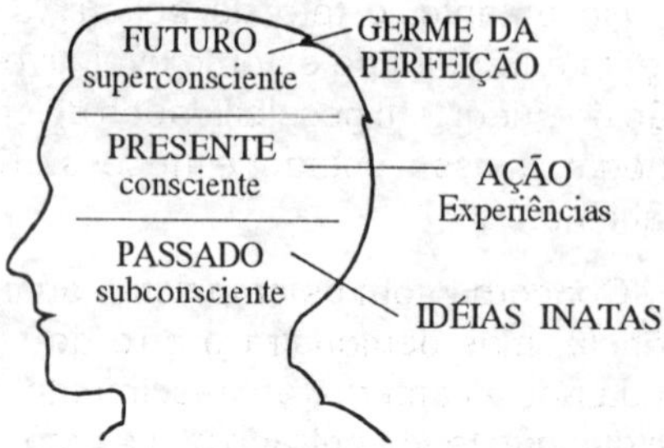

O germe da perfeição, de certa forma se liga ao ***apriorismo,*** uma vez que este representa o que é universal e necessário e que, portanto, será desenvolvido pelo germe da perfeição.

Inatismo e apriorismo não devem ser confundidos aqui, embora alguns estudiosos os confundam. O *a priori* localiza-se no lado oposto das *idéias inatas*, como lembrou Piaget: "(...) o *a priori* não se apresenta sob a forma de estruturas necessárias senão no final da evolução das noções, nunca em seu início: sem deixar de ser hereditário, o *a priori* encontra-se, por conseguinte, nos antípodas do que outrora se chamava "*idéias inatas*" (*O Nascimento da Inteligência na Criança*-Introdução-Jean Piaget).

Idéias inatas, no sentido Socrático e Platônico, representam as lembranças de idéias já formadas em vidas passadas, ou seja, estruturas já construídas em vidas anteriores e que se manifestam em forma de tendências, aptidões, intuições.

O *a priori* representa o conhecimento de caráter universal e necessário que ainda será construído, pois o homem possui em si o germe da inteligência, ou seja, a capacidade intelectiva que garante essa construção.

O homem, filho de Deus, é herdeiro da Divindade, possuindo essa herança divina em si mesmo, em forma de germe. É o seu futuro, no dizer de Calderado (*No Mundo Maior*).

No entanto, o fato de possuir o "germe da perfeição" não isenta o Espírito do esforço evolutivo. A perfectibilidade é condição de quem tem possibilidades de chegar à perfeição, mas para chegar a esse estado é necessário o esforço próprio, ação, trabalho.

Concorda com os empiristas quanto à necessidade da experiência, mas demonstra o erro de se considerar que a criança nada possui anterior ao nascimento e que nada existe na criança que não tenha entrado pelos órgãos dos sentidos, ou seja, não existe conhecimento fora daqueles que os nossos sentidos registraram, rejeitando as "idéias inatas" que a Doutrina Espírita resgata na questão 218 de *O Livro dos Espíritos.*

*

Concorda plenamente com a teoria de Piaget que demonstra que o conhecimento é construído através de um processo contínuo de transformações (adaptações) de nossas estruturas anteriores em estruturas mais aperfeiçoadas, através da equilibração progressiva (vide cap. IV - itens 5 e 6, mas amplia consideravelmente o conceito de interação e meio, abrangendo aqui o meio Espiritual.

*

A teoria da ***imagem*** dos psicólogos alemães e da Antroposofia de Rudolf Steiner, não se choca com o conceito de que o Espírito está construindo seu próprio futuro, através de seu próprio esforço.

Apesar da afirmação de Binet e Piaget (*Psicologia do Pensamento* – Cap. 2), de que a inteligência e o sentimento não se desenvolvem apenas pela imagem, percebemos que ela representa estímulo superior, direcionando nossa ação. Mobiliza nossa vontade, nosso desejo de agir em tal direção, facilitando a compreensão de assuntos muitas vezes complexos e abstratos.

A criança em certo estágio de desenvolvimento, encontrará na imagem o elemento fundamental para desenvolver o sentimento e a compreensão de certos assuntos complexos, da mesma forma que encontra no material concreto o elemento indispensável para desenvolver o raciocínio lógico.

Lembramos aqui as parábolas de Jesus, apresentando à humanidade assuntos profundos e de difícil compreensão através de histórias simples, mas que continham em si mesmas, toda a profundidade das leis Divinas.

No entanto, a utilização da imagem não isenta o educando do esforço construtivo. O próprio Cristo afirmou: "A cada um segundo as suas obras". Ação e atividade construtiva são indispensáveis para que ocorra o desenvolvimento das potências interiores do ser.

*

Percebemos também que o ***insight*** da Gestalt somente ocorre após o processo de assimilação, quando o indivíduo acomoda suas estruturas anteriores ao novo conhecimento. O insight surge, pois, após a adaptação ao novo conhecimento. Não há insight se não houver estruturas anteriores propiciando sua ocorrência. Não anula, pois, o processo de construção de si mesmo, mas o confirma.

Concluímos, pois, que cada pensador, cada doutrina filosófica ou psicológica acrescentou algo novo às conquistas da humanidade. Mas cada pensador apenas observou aquilo que estava ao alcance de sua visão, dentro de sua capacidade perceptiva. Com o conhecimento que a Doutrina Espírita nos oferece, dentro da razão e da lógica mais severa, principalmente o conhecimento da reencarnação e da perfectibilidade do Espírito, nossa visão se amplia consideravelmente, como o homem que chegou ao topo da montanha e agora pode divisar detalhes que dantes não poderia sequer supor que existissem.

4

A PSICOGÊNESE DO CONHECIMENTO

A Doutrina Espírita é, pois, interacionista, mas amplia o conceito de interação.

Interação com o meio, implica em experiências, mas para ocorrer essas experiências é necessário que exista "algo" dentro do indivíduo, condições para a realização dessa interação. O estímulo do meio somente estimula se o indivíduo estiver sensibilizado para tal tipo de estímulo.

Este "algo" são as experiências anteriores, a bagagem que o indivíduo traz consigo ao renascer. Essa bagagem anterior não está apenas na herança biológica do ser e não está somente na evolução biológica a diferença do ser humano com o animal. Ou seja, não é apenas a constituição biológica que propicia condições de aprendizagem diferente dos animais. O que propicia estas condições é o próprio ser espiritual, é o próprio Espírito, que traz consigo as experiências anteriores, idéias inatas que se manifestarão gradativamente. Existe uma gênese orgânica e uma gênese espiritual que trata da evolução do princípio espiritual. (vide cap.III - item 5 - Recapitulando Experiências)

A ***psicogênese*** deverá remontar à ***gênese do Espírito***, abrindo um campo novo e fantástico, que ampliará a maravilhosa ***epistemologia genética*** (estudo do desenvolvimento do conhecimento que remonta às suas raízes) de Jean Piaget, até uma psicogênese dos conhecimentos através da gênese espiritual.

Nasce, pois, com a Doutrina Espírita, um novo campo de estudos que ampliará consideravelmente os estudos sobre a origem do conhecimento ampliando a epistemologia genética às suas raízes espirituais. Percebemos que a inteligência foi construída pelo princípio espiritual em sua romagem evolutiva através dos milênios.

"(...) ***ao longo da atração no mineral, da sensação no vegetal e do instinto no animal, vemos a crisálida de consciência construindo as suas faculdades de organização, sensibilidade e inteligência, transformando, gradativamente, toda a atividade nervosa em vida psíquica"*** (*Evolução em Dois Mundos* - primeira parte - IV - ítem Automatismo e Herança) - (grifo nosso).

Desde os primeiros seres com apenas um sentido, o tato, até o desenvolvimento da visão pela sensibilidade à luz solar, do olfato e do paladar, até as primeiras sensações do sexo, o princípio espiritual gastou milênios em longo processo evolutivo nas duas esferas diferentes da vida, onde, através dos processos reencarnatórios, o corpo espiritual que modela o corpo físico e o corpo físico que representa o corpo espiritual evoluíram sob a orientação dos Instrutores Divinos que supervisionam a evolução terrestre. (Idem, idem - item Gênese dos Órgãos Psicossomáticos)

Gradativamente, pois, toda a atividade nervosa se transforma em vida psíquica, através de trabalho construtivo do próprio Espírito. Existe uma ligação íntima entre a Fisiologia e a Psicologia, como nos demonstra André Luiz na obra citada.

*

Percebemos que não há estrutura sem gênese, e que, ao renascer, os primeiros esquemas sensório-motores são, em verdade, reconstruções de estágios evolutivos milenares. A psicogênese, pois, remonta ao passado milenar do princípio espiritual, ou seja, a uma **gênese espiritual.**

No entanto, se não há estrutura sem gênese, percebemos também que não pode haver gênese sem estrutura. Deve existir um princípio a partir da qual se iniciou a genealogia e, ao mesmo tempo para que ocorram as interações com o meio, no sentido progressivo, é necessário que exista, no indivíduo, uma força que o impulsione ao progresso; deve existir "algo" que lhe direcione o esforço, a transformação no sentido progressivo. Esse "algo" é o próprio "germe" da perfeição, que existe em cada criatura, filha de Deus. É a essência Divina que atesta nossa filiação. É o "Reino" a que se referiu Jesus e que está dentro de todos nós. O princípio de tudo remonta, pois, a Deus, a causa primeira de todas as coisas.

Não há estrutura sem gênese, nem gênese sem estrutura, equivale a dizer que, para ocorrer a interação com o meio, no sentido construtivo e progressivo, o indivíduo possui todo um passado milenar que lhe fornece as bases para essa interação e, ao mesmo tempo, como filho de Deus, possui o germe da perfeição, herança Divina que lhe garante a ação no sentido progressivo, rumo à perfeição.

Estamos, pois, constantemente trabalhando nosso passado, para, através das experiências do presente, construir nosso futuro. As necessidades do presente, os desafios, levam os seres à ação construtiva de si mesmos, através de um processo de auto-regulação em que o germe da perfeição se desenvolve constantemente.

Assim, todos os seres da criação, incluindo o homem, estão sempre em processo evolutivo, interagindo com o meio e construindo estruturas interiores. Isso tanto no sentido ontogênico (o desenvolvimento do próprio homem), como no sentido filogênico (o desenvolvimento das espécies). Assim, pois, é necessário rever nosso conceito de **maturação,** pois estamos em constante processo de transformação e desenvolvimento, a caminho da perfeição. Maturação, pois, assume um caráter relativo ao estado evolutivo do Espírito reencarnante.

Educar é auxiliar esse processo de transformação e desenvolvimento e o educador é o irmão mais velho, mais experiente que orienta e estimula o próprio educando num processo de desenvolvimento que já se encontra em curso, onde o construtor é o próprio educando. No entanto, o educador poderá se deparar com um educando que seja um Espírito em estágio evolutivo superior ao seu, como Einstein e seu professor de física, que chegou a depreciar o aluno por não compreendê-lo.

*

Além do que ocorre em relação à horizontalidade de nosso mundo, a Doutrina Espírita nos demonstra, de forma clara e concisa, a constante atuação dos Espíritos superiores, em nível de verticalidade, ligando o homem da Terra às esferas superiores da vida que estuam em plenitude por todo o universo. Embora construtor de si mesmo, o homem não está sozinho, abandonado à própria sorte, mas caminha sob a supervisão e estímulo das inteligências superiores que lhe orientam os passos na caminhada evolutiva. O Pai de suprema bondade e amor, fornece aos filhos todos os meios necessários ao progresso, todas as ferramentas e energias para o trabalho, tudo, enfim, que o filho necessita, mas não o isenta do esforço construtivo.

*

A idéia do indivíduo construir a si mesmo não é emprestada de Piaget, nem do movimento "construtivista", mas representa afirmativa dos Espíritos que ressaltam a necessidade da ação no presente, valendo-se das conquistas passadas, amparado no ideal superior, para a construção do futuro (vide cap. IV – item 4 – vide também *Evolução em Dois Mundos*, 1a. Parte, item IV, Automatismo e Herança, e Gênese dos Órgãos Psicossomáticos)

O próprio Cristo afirmou o valor da ação individual: "A cada um segundo as suas obras".

05
O INDIVIDUAL E O SOCIAL

A Doutrina Espírita nos revela que a criança é o Espírito que retorna, trazendo necessidades individuais e um programa de vida estabelecido durante sua preparação para encarnar. André Luiz nos revela o imenso trabalho do Mundo Espiritual ao preparar uma nova encarnação. Sugerimos a leitura do cap. 13 de seu livro *Missionários da Luz*.

Cada criança é um Espírito que reencarnou com um programa de vida, elaborado no Mundo Espiritual, que prevê suas necessidades básicas evolutivas. A interação do indivíduo com o meio dependerá da bagagem que o Espírito traz e da forma como se manifestará na presente encarnação.

Tal visão amplia consideravelmente a ação educativa, que

deverá levar em conta as necessidades evolutivas individuais. Trabalhar o indivíduo em suas necessidades íntimas e auxiliar a sua integração com o meio social em que vive, visando sua futura integração em outros meios sociais, para ser no futuro o cidadão do Universo, vibrando em sintonia com as Leis Divinas, é tarefa que nos presta realizar.

Trabalhar o individual e o social ao mesmo tempo pode parecer proposta arrojada, mas o educador do futuro, que percebe o alcance da Educação do Espírito, terá aí a sua linha de trabalho.

Além de conhecer o estágio de desenvolvimento em que a criança se encontra, é necessário observar suas tendências e aptidões que se manifestam gradualmente e que são diferentes em cada criança. Aproveitar as aptidões naturais, direcionando seus impulsos para os níveis superiores do sentimento e da inteligência, promovendo a interação social entre as crianças de mesmo nível (para fortalecer as aptidões naturais) e interações com crianças de níveis diferentes, propiciando, através da ajuda mútua o desenvolvimento de outras qualidades, promovendo ao mesmo tempo a descentração de si mesma.

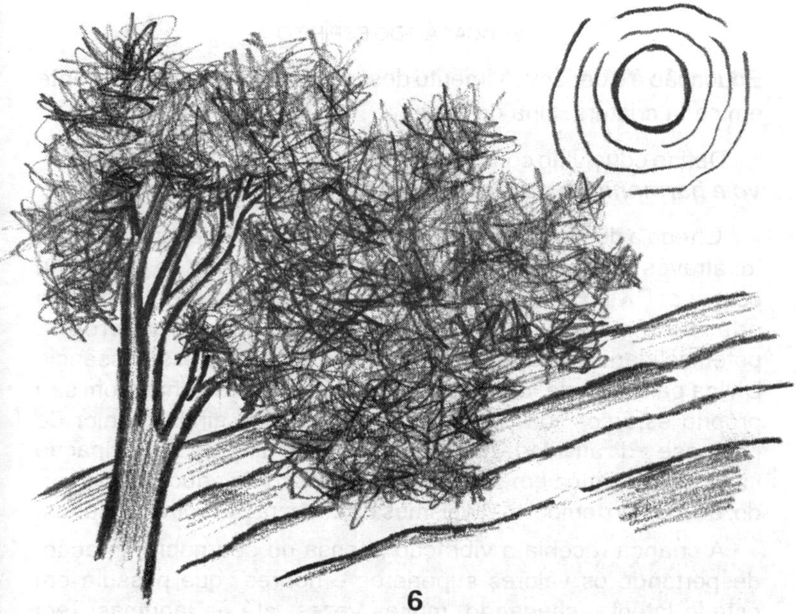

6

LOUVOR A PESTALOZZI

Pestalozzi é um dos autores mais profundos e proficientes na área da educação. Embora de forma intuitiva, ele compreendeu e vivenciou essa maravilhosa Educação do Espírito, que a Doutrina Espírita nos permite hoje compreender, em toda a sua profundidade. Em sua análise dos três estados: Estado Natural ou Primitivo, Estado Social e Estado Moral, Pestalozzi demonstra a passagem do homem pela animalidade inferior, sujeito aos instintos, passando ao Estado Social, sujeito às leis sociais que lhe coibem os impulsos, mas que necessita chegar ao Estado Moral, onde os sentimentos superiores passam a reger sua vida, em plena autonomia. Mas existe garantia de se chegar a esse Estado Moral, pois o homem possui o germe da razão e do sentimento.

Educação é o desenvolvimento desse germe, do potencial latente em cada criatura, filha de Deus.

Define educação como ***desenvolvimento natural, progressivo e harmonioso de todos os poderes e faculdades do ser***.

Chega a demonstrar como pode ocorrer esse desenvolvimento: através da vibração, do impulso de alguém que se descobriu como ser Divino, que sente essa emanação Divina dentro de si, o educando será estimulado ao despertar de sua própria potencialidade. O papel do educador é despertar essa essência Divina para que ele, uma vez desperto, possa trabalhar, com seu próprio esforço sua potencialidade. Destaca ainda o valor do interesse e da atividade, utilizando métodos ativos de participação intensa da criança em seu próprio processo de educação, criando, ao mesmo tempo, mecanismos de cooperação entre os alunos.

A criança recebia a vibração intensa de seu nobre coração, despertando os valores superiores e nobres que possuía em estado latente, chegando, muitas vezes, até às lágrimas. (em Stans) Uma vez receptiva às vibrações superiores, era levada por um método ativo de participação intensa, propiciando condições para a construção de si mesma. Ao mesmo tempo recebia a cooperação dos colegas, podendo, por sua vez, cooperar com outros. (sistema de monitores) Pode haver maior antídoto ao egoísmo e ao orgulho? Eis o clima de cooperação, afeto e respeito mútuo, exaltado por Piaget, bem como o método ativo onde o educando constrói suas estruturas mentais e amplia sua capacidade vibratória, em níveis superiores. Toda a teoria construtivista da Educação em seu sentido espiritual está presente nas obras de Pestalozzi e vivenciada em seus atos.

Pestalozzi é, pois, o precursor dessa educação que a Doutrina Espírita apresenta à humanidade: a Educação do Espírito.

7

JESUS, O MESTRE

No entanto, Pestalozzi, nas suas principais obras, refere-se constantemente ao Evangelho de Jesus, onde, se tivermos "olhos de ver", perceberemos toda a teoria citada em linguagem simples, argamassada com imagens fecundas, em parábolas que falam do trigo, do pastoreio, da pesca, do sal, da luz da candeia, de um reino que existe dentro de cada um. Remontamos, pois, às origens da Educação do Espírito, da educação por excelência: Jesus.

"O Reino de Deus está dentro de vós." (Lucas, 17,21)

"Sede vós pois perfeitos, como é perfeito o vosso Pai que está nos céus." (Mateus, 5,48)

Filhos e herdeiros de Deus, trazemos em nós o Reino de Deus, a essência Divina, o germe da perfeição e caminhamos para a perfeição relativa que nos aguarda.

"Buscai e encontrareis... " (Mateus, 7,7)

O buscar representa o esforço do Espírito por alcançar o estágio almejado.

"O que busca encontra...." (Mateus, 7,8)

"A cada um segundo as suas obras."

Existe garantia em encontrar o que se buscou, pois somos seres suscetíveis de perfeição, mas é necessário o esforço, a ação, o trabalho de construção de si mesmo.

O processo evolutivo depende de nossa ação no bem. Recebemos a energia superior, o alimento espiritual, a inspiração superior e nobre, mas isso não nos desobriga do esforço próprio no campo do bem.

"Fazei aos homens tudo o que quereis que eles vos façam; porque é a lei e os profetas." (Mateus, 7,12)

"Amareis vosso próximo como a vós mesmos."(Mateus, 22,39)

O valor do amor, da cooperação, do respeito mútuo, necessários para o processo de descentração, segundo Piaget, antídotos do egoísmo e do orgulho estão patentes em Jesus, Mestre por excelência.

"Brilhe vossa luz diante dos homens, para que vejam as vossas boas obras e glorifiquem a vosso Pai, que está nos céus." (Mateus 5,16)

Aqui está a própria teoria de Pestalozzi quando afirma que o educador que já despertou o germe Divino em si, cuja luz já brilhou, pode despertar essa essência Divina que o educando também possui em estado latente.

Assim, a Doutrina Espírita resgata o Evangelho de Jesus ao processo educativo.

Com toda a compreensão do que seja educação em seu sentido amplo e espiritual, precisamos meditar mais no conceito de educação laica e educação religiosa. Sendo educação o processo pelo qual as potências do Espírito se desenvolvem gradual e progressivamente, através do esforço interativo com o meio físico e espiritual, não pode haver educação neste amplo sentido fora do Evangelho de Jesus, que deve fazer parte integrante da Educação do Espírito, pois representa as próprias leis Divinas.

A partir da Doutrina Espírita, Jesus pode ser analisado no aspecto científico, confirmando-se o valor Universal de seus conceitos.

Afinal, a ciência que estuda os fenômenos do Universo estuda em verdade as obras de Deus. Ciência e religião caminharão juntas, provando uma o valor da outra. O conceito de Religião se amplia e ao mesmo tempo os preconceitos que ainda perduram em torno do Mestre tendem a se acabar, recolocando Jesus como o condutor desta humanidade sofrida.

Compreensível que as principais doutrinas filosóficas como o Racionalismo e o Empirismo, que abriram espaço para a ciência através da imposição dogmática da Igreja trilhassem caminhos contrários à religião dominante. O avanço científico dos últimos séculos se deve a esse rompimento com a Igreja e ao apelo à razão, ao raciocínio, ao pensamento que se libertou e cresceu.

No entanto, é chegada a hora de uma mudança nas estruturas intelectuais, morais e sociais de nosso Planeta. Os valores serão revistos e o Evangelho de Jesus retomará a sua função educadora por excelência, assumindo a direção Pedagógica de nosso Planeta, longe dos grilhões dogmáticos e escravizantes, mas com a plena certeza da fé alicerçada na própria razão, que não apenas crê, mas sabe, analisa, raciocina e compreende pela razão, o que é melhor, o que é certo, o que é bom.

A razão e o senso moral se desenvolverão conduzindo a humanidade à verdadeira autonomia intelectual e moral, desenvolvendo gradualmente seu potencial interior, o germe Divino que todos trazemos em nós como filhos de Deus, vibrando cada vez mais em sintonia com as Leis Divinas.

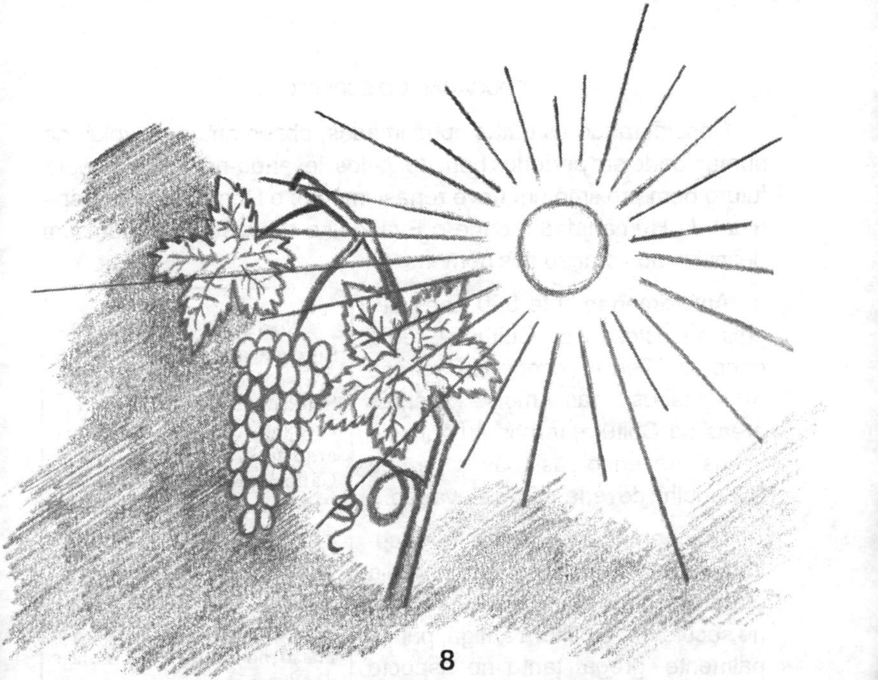

8
O RENASCIMENTO ESPIRITUAL

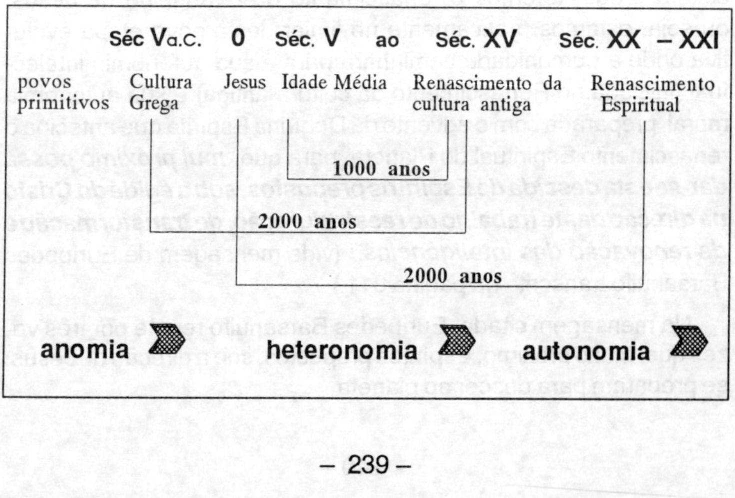

Considerando as datas aproximadas, observamos o evoluir da humanidade em períodos bem definidos, levando-nos a prever para futuro bem próximo um novo renascimento: o Renascimento Espiritual da Humanidade, onde o Evangelho de Jesus retornará em definitivo ao coração dos homens.

Aproximadamente 500 anos depois da eclosão da Cultura Grega, onde a Terra recebeu Espíritos missionários nas mais diversas áreas da Cultura, temos a figura de Jesus trazendo as bases de seu Evangelho de redenção e elevação.

Quinhentos anos depois, no século V, temos o início da Idade Média que duraria mil anos, para ressurgir, no século XV a cultura antiga, principalmente grega, tanto no aspecto das artes como no da ciência.

> No séc. Va.C., a Grécia viu-se povoada de grandes vultos:
>
> No teatro com Ésquilo e Sófocles, na escultura com Fídias, autor da estátua de Zeus, na arquitetura com Ictinos e Calícrates, construtores do Partenon, na história com Heródoto, considerado o "Pai da História", na medicina com Hipócrates, considerado o "Pai da Medicina", bem como as figuras fabulosas de Sócrates e Platão, no campo da filosofia e da educação.

Tudo nos leva a crer que 500 anos após o renascimento da cultura grega, teremos o renascimento do Evangelho de Jesus, ou seja, estamos praticamente no limiar desta nova etapa evolutiva onde a humanidade caminhará para a sua autonomia intelectual (iniciada no Renascimento da cultura antiga) e sua autonomia moral, preparada com o advento da Doutrina Espírita que antecipa o renascimento Espiritual do Planeta, para que "***mui próximo possa dar-se esta descida de Espíritos prepostos, sob a égide do Cristo na direção deste trabalho de reestruturação, de transformação e de renovação das inteligências***." (vide mensagem de Eurípedes Barsanulfo transcrita na página 311.)

Na mensagem citada, Eurípedes Barsanulfo repete por três vezes que, muito próximo, Espíritos prepostos, sob a direção de Jesus, se preparam para descer ao planeta.

Ciência, filosofia e religião caminharão juntas para o progresso de todo o planeta que ingressa em nova era evolutiva, ou seja, de regeneração, segundo termo utilizado pelos próprios Espíritos em *O Evangelho Segundo o Espiritismo*, cap. III.

Mas a transformação do Mundo depende da transformação de cada um, e isto é tarefa da educação, a Educação do Espírito, que entra na nova era, através dos corações de boa vontade, que renascem e renascerão ainda a serviço do Cristo, na Seara Espírita.

A própria Doutrina Espírita, representa pois, escola elevada de Educação do Espírito, abrindo-lhe a mente pelos canais da razão, chegando ao seu coração que começa a brilhar pouco a pouco em sintonia com Jesus.

A Casa Espírita, por mais simples e humilde, precisa preparar-se para exercer o seu papel de Escola sublime que ilumina a mente e o coração de toda a humanidade terrestre e que também albergará os corações valorosos dos prepostos do Cristo que aqui renascerão, apresentando-se entre nós, talvez, das mais diferentes formas, mas trazendo em si mesmos o traço inegável do amor. "Os meus discípulos serão conhecidos por muito se amarem..."

Nos dias que virão, onde graves vaticínios ainda pesam sobre o planeta, prevendo ainda muitas dores, a Instituição Espírita representa não apenas o consolo que reconforta o homem em suas duras provas, não somente o alívio, a energia restauradora de nosso bom ânimo, de nossa coragem, mas o supremo edifício da fé embasada na razão, a restaurar o Evangelho de Jesus em sua primitiva pureza, iluminando a razão e reacendendo a chama do coração, impulsionando o homem para frente e para cima, em sua escalada evolutiva.

Escola de almas, o Centro Espírita é avançado posto de trabalho da espiritualidade superior, onde o homem terreno encontrará o consolo, a energia íntima indispensável à sua evolução. O número de Sociedades Espíritas espalhadas pelo Brasil contam-se aos milhares. É necessário, imprescindível mesmo, aproveitar esse potencial glorioso que recebemos por esforço da geração anterior e oferecer o melhor de nós mesmos a serviço do Cristo, na casa Espírita onde nos vinculamos. O trabalho do evangelizador adquire, pois, a mais alta importância em sua tarefa de educar os Espíritos que o Senhor nos envia e continuará enviando, para a grandiosa tarefa de renovação e aperfeiçoamento de toda a humanidade.

A tarefa educativa da Doutrina é inegável, principalmente compreendendo-se por educação o desenvolvimento harmônico e progressivo de todas as potências do Espírito eterno, criado para a perfeição. O Espírito que chegar até nós, seja como criança, jovem ou adulto, mesmo em avançada idade, deverá encontrar campo aberto para o Estudo das obras da Doutrina Espírita a se iniciar pelas obras de Kardec, avançando pela maravilhosa literatura científico-filosófico-religiosa que a Doutrina nos oferece pelas obras de André Luiz, Emmanuel, Humberto de Campos, Joanna de Ângelis e tantos outros autores desencarnados ou não, que aí estão.

Os próximos tempos da Doutrina serão marcados por milhares de trabalhadores do Cristo militando na tarefa fantástica da iluminação do sentimento e da razão. A Nova Era se marcará de maneira indelével pela Educação do Espírito.

Capítulo Sétimo

A PRÁTICA PEDAGÓGICA

1
A PRÁTICA PEDAGÓGICA

A prática pedagógica, em síntese, deve se basear no **exemplo** e na **vivência**, onde colocamos a criança em situações que a levem a vivenciar, dentro de seu pequeno grupo social, os princípios do Evangelho. A vivência é indispensável no processo evolutivo. O ambiente geral deve ser de **colaboração**, **afeto** e **respeito mútuo**. Oferecer à criança experiências e atividades adequadas ao desenvolvimento de suas potencialidades, tendo por base o potencial já desenvolvido no passado e a manifestação gradual deste potencial na presente encarnação.

A criança necessita de atividades dentro das experiências da horizontalidade terrestre e ao mesmo tempo de atividades que estimulem os ideais nobres, facilitando os canais receptivos da verticalidade superior, desenvolvendo, assim, o potencial que elevará seu padrão vibratório, tornando-a cada vez mais receptiva às vibrações superiores que emanam do mais Alto.

As atividades devem ser de caráter construtivo e não meramente acumulativo, ou seja, atividades em que a criança tenha participação efetiva, desafios que a levem a "pensar" ou seja, a construir suas estruturas mentais.

É indispensável valermo-nos das conquistas passadas para, através do esforço e do trabalho no presente, amparado no ideal superior elevado e nobre, construirmos gradativamente nosso futuro.

Ao mesmo tempo, todas as atividades devem visar a autonomia intelectual e moral do Espírito, levando-o a compreender os "porquês", a desenvolver a racionalidade e o bom senso, compreendendo pela sua própria cabeça e desenvolvendo o sentimento superior que lhe garantirá a autonomia moral, ou seja, um Espírito capaz de pensar, sentir e agir no bem, por vontade própria e que não se deixará arrastar pelo dogmatismo fanatizante, nem pela imposição do autoritarismo arbitrário, embora consiga manter a humildade e a simplicidade que caracterizam o verdadeiro Cristão, filho e herdeiro de Deus, procurando vibrar cada vez mais em sintonia com esse Pai de amor e sabedoria.

Podemos concluir com facilidade que o desenvolvimento integral das potencialidades do Espírito depende de sua participação ativa e não de uma posição passiva de mero ouvinte; da iniciativa e dos esforços espontâneos das crianças e não de uma imposição unilateral; da conscientização íntima de cada um quanto às necessidades básicas de disciplina, de esforço próprio, de dedicação, de amor, e não do simples estabelecimento de regras pelo adulto que deverão ser cumpridas pelas crianças; de um meio social alicerçado na colaboração e não na submissão; de um ambiente onde o amor e a verdade sejam vivenciados e não apenas verbalizados; onde a dúvida encontre luz na razão e não na imposição de conceitos; onde a razão seja desenvolvida pela análise, pela observação, pelo trabalho real que leve às conclusões lógicas e não pela simples aceitação de conceitos prontos; onde a vibração constante seja de amor, amizade e dedicação.

Na prática pedagógica devem, pois, estar presentes os ítens destacados por Piaget, mas já propostos pelo Mestre Jesus:

Afetividade : Amai-vos uns aos outros.

Reciprocidade: Faça aos outros o que gostaria que lhe fizessem. Por reciprocidade também entendemos o **respeito mútuo.**

Cooperação: A cooperação é o amor em ação. Ação compreendida como necessidade de ambas as partes.

Sem a afetividade (amor), o respeito mútuo e a cooperação, dificilmente a ação educativa conduzirá o educando à verdadeira autonomia, prevenindo a ação nefasta do egoísmo e do orgulho.

Destacamos, ainda, os ítens abaixo, pela grande importância no processo educativo do Espírito:

PARTICIPAÇÃO ATIVA: As crianças aprendem através de atividades adequadas ao seu nível de desenvolvimento.

O olho quer ver, o ouvido ouvir, o pé quer andar e a mão agarrar. Da mesma forma o coração quer crer e amar e o Espírito quer pensar, nos ensina Pestalozzi. Promover atividades adequadas que propiciem oportunidades da criança agir, fazer, realizar experiências, enfim, participar ativamente de seu processo de aprendizagem. O termo ação, muito utilizado por nós, não se refere apenas à ação motora, como poderão pensar alguns, mas se refere a toda ação possível do Espírito realizar, tanto através do corpo físico como do pensamento e do sentimento.

INTERAÇÃO SOCIAL ENTRE OS PARTICIPANTES: Promover o intercâmbio entre crianças do mesmo nível, de níveis diferentes e entre a criança e o adulto, interações estas que levem à cooperação e à colaboração e não à concorrência, promovendo a descentralização do egocentrismo, levando-as a uma noção mais objetiva da realidade, considerando vários pontos de vista. As Interações sociais devem ser gradativamente ampliadas, conduzindo à convivência que propiciará a prática da moral evangélica.

ATIVIDADES ARTÍSTICAS: O teatro, as artes plásticas, a música, a dança, a literatura, como propulsores do desenvolvimento moral (sentimento) e intelectual (desenvolvimento da razão, e do raciocínio). A utilização da arte na satisfação das necessidades imediatas das crianças, atendendo aos interesses individuais e canalizando a energia criativa para os canais superiores da vida. Pelos interesses imediatos mobiliza-se a vontade, mola propulsora em qualquer processo de aprendizagem, para chegar-se, mais tarde, ao desenvolvimento integral do Espírito.

AMBIENTE EVANGELIZADOR: Formar um ambiente realmente evangelizador, onde todos os elementos envolvidos no trabalho, trabalhadores, dirigentes e evangelizadores, imbuídos do mesmo ideal elevado, procurem exercitar a moral evangélica e estudar a Doutrina Espírita, num clima de fraternidade, colaboração e apoio mútuo, sem personalismos nem imposições descabidas. Criamos assim, um "campo magnético superior" propício ao desenvolvimento dos ideais nobres da alma. Isso, naturalmente, exigirá não só dos evangelizadores, mas dos dirigentes e demais trabalhadores da casa, muita humildade e esforço em melhorar-se, para adquirir uma postura íntima alicerçada no Evangelho de Jesus. E como poderia ser de outra forma?

2
A PRÁTICA PEDAGÓGICA NAS DIFERENTES ETAPAS

0 a 2 anos:

Nos primeiros dois anos de vida a criança está muito ligada à figura materna e ao lar. Somos de opinião que, neste período, a educação deve ocorrer, predominantemente, no seio da família. Nas atividades em grupos, até os dois anos aproximadamente, a presença da mãe, na mesma sala, será benéfica.

3 a 7 anos:

Aos três anos, aproximadamente, a criança adquire maior consciência do outro, passando a imitar o mais velho. O ambiente moral e sentimental em que vive atua fortemente sobre ela. O **ambiente evangelizador** deve estar presente em todos os níveis. O exemplo do adulto é fundamental. Não nos referimos apenas aos atos exteriores, mas também ao sentimento, ao estado vibratório do adulto. O **respeito mútuo** e o **afeto** por parte do educador é fundamental para o desenvolvimento dos sentimentos nobres da criança. Não é por meio de exortações, de preceitos morais que se educa uma criança em idade pré-escolar, mas pelo **exemplo** e pelo **ambiente** evangelizador. Atividades de cooperação em ambiente de afetividade e respeito mútuo auxiliarão o longo processo de descentração da criança bem como a caminhar para a autonomia moral na idade adulta.

Do ponto de vista intelectual, a criança não pensa logicamente (aos olhos do adulto) mas intuitivamente, de acordo com a maneira com que as coisas parecem ser para ela. Experiências simples, utilizando os órgãos dos sentidos, **movimento e ação,** devem ser realizadas. Com o corpo físico em desenvolvimento e os órgãos dos sentidos em franca atividade, tudo na criança quer **movimento, ação**.

Iniciar com **atividades artísticas**, especialmente nas artes plásticas: pintura, modelagem, recorte, colagem, etc... Na literatura, histórias que destacam a ação (exemplo) dos personagens. Introduzir, gradativamente, a dramatização, começando por dramatizar as próprias histórias contadas. Utilizar a música, especialmente o canto e brincadeiras de rodas cantadas. Durante as atividades de artes plásticas, utilizar como fundo, música suave, de preferência clássica.

Iniciar atividades de cooperação que levem à prática da colaboração entre as próprias crianças. Durante as atividades pode-se escolher entre as crianças os ajudantes do dia (sempre em rodízio, ou seja, na próxima semana outros serão os ajudantes).

7 a 11/12 anos:

Aspecto moral ou religioso desenvolvido através da **vivência** pessoal, com interações mais amplas entre os elementos. Atividades de cooperação devem estar presentes entre os elementos do grupo. Autoridade do evangelizador embasada no afeto e no amor. O respeito mútuo deve ser uma constante.

Trabalhar intensamente com o sentimento da criança, principalmente através da **arte.** O elemento musical (ritmo, melodia) pode atuar beneficamente na vida sentimental da criança, auxiliando o seu desenvolvimento psíquico harmonioso. Na literatura, leituras heróicas e românticas. A **imagem** atuará no sentimento, auxiliando a vibração em nível mais elevado. O teatro será elemento de grande valor para trabalhar o aspecto emocional da criança, oferecendo oportunidades enormes de **vivência**.

Do ponto de vista intelectual, a criança necessita do concreto para ocorrer o pensamento lógico. Trabalhar o aspecto científico da Doutrina através de **atividades reais e concretas**, preparando o pensamento formal que deverá ocorrer somente mais tarde. As artes plásticas serão de grande utilidade para as atividades concretas.

Atividade prática em ambiente cooperativo, vivência no bem, trabalho e ação com atividades reais e concretas, atividades artísticas, exemplificação, autoridade com afeto e respeito mútuo constituem a tônica do processo evolutivo do Espírito nesta fase de sua encarnação. O **ambiente evangelizador** é indispensável.

EXPOSIÇÕES: Promover exposições periódicas realizadas pelas crianças e jovens, dentro de um tema em que todos possam participar. A exposição poderá englobar todas as atividades realizadas: teatro, maquetes, exposições, músicas, dança, literatura, etc., de forma que as próprias crianças e jovens realizem as atividades e os pais e demais convidados assistam.

13/14 anos em diante:

Trabalhar o aspecto moral, o sentimento através de vivências mais amplas, interações sociais mais profundas.

Participação intensa nas atividades assistenciais, campanhas, etc.,aproveitando as tendências e habilidades que o jovem possua. Visitas a entidades e instituições próximas, como lares coletivos, asilos, hospitais, bairros da periferia (favelas), etc. A assistência a pessoas em necessidade auxilia o desenvolvimento do sentimento de solidariedade e de amor ao próximo. A solidariedade desabrocha e encontra canais de manifestação na assistência aos que necessitam. A caridade é o **amor em ação**. O exercício do amor propicia o desenvolvimento do sentimento, conduzindo gradativamente ao amor doação, ao amor universal.

Integração com outros grupos de atividades da casa, auxiliando nas tarefas de evangelização, palestras, assistência espiritual, grupos de estudo, etc.

Propiciar oportunidade de participação nas atividades artísticas como: teatro, coral, grupos musicais e de dança. As artes plásticas poderão ser utilizadas na decoração das salas, em especial nos eventos importantes como palestras, cursos, etc.

Na literatura, a formação de uma biblioteca oferece oportunidade de leituras e estudos das mais diversas obras espíritas. O jovem poderá ainda colaborar na administração da biblioteca.

No aspecto intelectual, o adolescente adquire a capacidade de raciocinar cientificamente, formando hipóteses e comprovando-as na realidade ou em pensamento. Enquanto o pensamento de uma criança na fase anterior envolve objetos concretos, o adolescente já pode imaginar possibilidades.

Estimular o desenvolvimento do raciocínio, trabalhando a razão, o pensamento formal, aprofundando o aspecto científico e filosófico da Doutrina. Trabalhos em grupos, pesquisas e trocas de idéias. O desenvolvimento da razão e da lógica, levando a compreender a necessidade do desenvolvimento moral. Sentimento e razão tendendo a um equilíbrio.

Participar de jornais ou boletins internos, escrevendo artigos extraídos das conclusões dos estudos em grupos, entrevistas, crônicas, etc.

ENERGIA CRIADORA

- Estudo em atividades dinâmicas e que propiciem a integração e troca de idéias.
- Trabalho assistencial, visitas a famílias assistidas, a instituições, campanhas.
- Atividades doutrinárias, assistência espiritual, preleções, estudos, etc.
- Arte
  - música – coral – dança
  - teatro.
  - literatura – leituras – poesias
  - Artes plásticas.
- Participação em jornais escritos e murais.
- Interações sociais – reuniões de confraternização entre os jovens e entre os jovens e outros trabalhadores da casa.

O apoio discreto de pessoas de maior experiência deverá dar segurança ao jovem, ao mesmo tempo em que incentiva a sua participação, abrindo as portas aos demais setores e atividades da casa. A opinião do jovem deve ser valorizada.

ATIVIDADES INTEGRADAS

Os departamentos ou setores: Infância, Mocidade e Doutrina, devem trabalhar de forma integrada, pois, em essência, possuem o mesmo objetivo: auxiliar a evolução do Espírito reencarnado em suas fases de criança, jovem e adulto. Da mesma forma o setor mediúnico auxilia o reequilíbrio e a evolução do Espírito desencarnado mais próximo de nossa faixa vibratória.

O setor assistencial deve abrir suas portas à participação da criança, do jovem e dos adultos que participam das atividades de evangelização e estudo, permitindo-lhes, inclusive, certa autonomia para a elaboração de campanhas, decisões sobre seus setores específicos de trabalho, sob a coordenação entusiasta do departamento responsável.

O coordenador ou diretor de departamento é, acima de tudo, um trabalhador de Jesus e deve trabalhar de mãos dadas com os demais companheiros, sem personalismos e autoritarismos desnecessários.

Uma liderança democrática e cristã é necessária para o bom andamento dos trabalhos e realização dos objetivos do grupo.

O clima de trabalho, em qualquer etapa, deve ser de fraternidade, amizade e cooperação, com o máximo de respeito entre os elementos. Os trabalhadores devem analisar os problemas dos setores em reuniões fraternas, apresentando opiniões ou propondo soluções, aprendendo a analisar o ponto de vista dos demais. A crítica rude ou em palavras suaves mas que ferem a suscetibilidade do companheiro deve ser evitada. Enquanto que as análises e o juízo crítico ponderado, que sabem falar sem ferir, auxiliam o grupo a crescer, a crítica condenativa, que mostra os defeitos do companheiro, desestimula sua ação no bem, esfria seu entusiasmo e muitas vezes destrói trabalhos arduamente iniciados.

O estudo da Doutrina e a vivência do Evangelho devem estar presentes em todos os setores da casa. Assim, conseguiremos um **AMBIENTE EVANGELIZADOR**, propício ao desenvolvimento das mais nobres qualidades da alma.

OBS.:

Em todas as atividades, das crianças menores ao adolescente e do jovem ao adulto de qualquer idade, não podemos perder de vista que o Espírito renasce com um programa de vida baseado em suas necessidades evolutivas. Cada Espírito possui tendências próprias, áreas de comprometimento moral e/ou intelectual em que deverá se desenvolver com maior empenho, podendo apresentar bloqueios em outras áreas de seu desenvolvimento. O respeito à individualidade é fundamental para o sucesso de qualquer trabalho.

3
EXEMPLOS DE ATIVIDADES

Apresentamos a seguir alguns exemplos de atividades, com o objetivo de tornar mais claro o embasamento teórico do que chamamos de Educação do Espírito. De forma alguma devem ser encarados como "aulas prontas", mas apenas exemplos de como se trabalhar com as crianças dentro das diversas faixas etárias.

Somente o próprio educador deverá preparar suas atividades, tendo em vista as suas próprias crianças.

Os exemplos foram elaborados em reuniões conjuntas com os evangelizadores do IDE – Instituto de Difusão Espírita e vivenciados com as próprias crianças, obtendo-se bom resultado.

EXEMPLO 1:

Exemplo de atividade embasada na **cooperação**, no **respeito**

mútuo e na **afetividade**, com o objetivo de auxiliar a descentração e a passagem da criança do egocentrismo (natural na criança pequena) para a socialização e a cooperação, desenvolvendo gradativamente a *AUTONOMIA* moral e intelectual da criança. É bom lembrar que a atividade de cooperação não acelera (e nem poderia) o processo de descentração, mas propicia condições para que ocorra de forma gradativa e no momento certo.

CONTEÚDO: *O Livro dos Espíritos* – Terc.Parte – *LEI DE SOCIEDADE e LEI DO PROGRESSO.*

(O conteúdo se prende aos cap. VII e VIII e especialmente à pergunta 785 que nos mostra os maiores obstáculos à evolução:

785 – Qual é o maior obstáculo ao progresso? R: O **orgulho** e o **egoísmo**...) – Sugerimos o estudo em grupo, com todos os evangelizadores do capítulo em questão.

As atividades foram vivenciadas pelas crianças de **3 a 6 anos** do Dep. de Evangelização do IDE e o resultado foi muito bom.

ATIVIDADE DE INTRODUÇÃO: Em círculo, sobre uma linha traçada no chão, todos imitam os gestos da evangelizadora. Andam sobre a linha, a princípio devagar, depois, mais rápido, muito rápido, correndo, imitando pássaros e animais, sob o comando da evangelizadora. Repetir a experiência sob o comando de uma das crianças. O importante é que a evangelizadora ofereça o modelo e passe o comando a uma ou mais crianças. A própria evangelizadora obedecerá ao comando das crianças, exercitando o respeito mútuo.

Obs.: a criança aprende a obedecer e a ordenar com a mesma naturalidade. O respeito mútuo, proposto pela evangelizadora, é fundamental.

A atividade deve diminuir de ritmo; as crianças, cantando música suave e agradável, sentam-se em círculo, para a prece.

Crianças de 3 a 6 anos: ambiente de cooperação e respeito mútuo. Atividade desenvolvida por Ana Giovana Mendes

SILÊNCIO E PRECE: Ainda em círculo sobre a linha, todos se sentam. Se houver criança nova, será apresentada à turma que a recepcionará com efusão e carinho (os evangelizadores devem preparar, antecipadamente, a turma para receber novos amigos).

Convidar as crianças para a prece. Posição de relaxamento. Música suave e palavras amigas, conscientizando as crianças da beleza da natureza e da vida, demonstrando que Deus nos ama como um Pai amoroso e sábio. Destacar a ação de Jesus e do Espírito protetor de cada um, como um grande amigo que nos auxilia do outro lado. Dedicar um minuto de silêncio, para que cada um faça a sua prece silenciosa. A criança que ora com freqüência amplia sua capacidade receptiva para captar as vibrações superiores.

ATIVIDADE COOPERATIVA: No chão, traçar antecipadamente, um caminho retorcido e sinuoso com obstáculos nas margens: um rio, bichos, etc. (simbolizar com cadeiras, almofadas, etc.). Algumas crianças deverão percorrer o caminho com os olhos vendados. Outra criança deverá ajudá-la, orientando-a (sem tocar) para que a primeira não caia nos obstáculos das margens. A criança de olhos vendados dependerá da ajuda da outra. Depois, inverter a situação. A necessidade da ajuda de outra criança (mesmo que pareça uma simples brincadeira), será forte estímulo à cooperação, exercitando a descentração , e preservando a mente infantil do orgulho e do egoísmo.

Embora o egocentrismo seja natural na criança pequena, pela necessidade de adaptação ao novo corpo e pelas necessidades naturais dos primeiros anos de vida, a criança deve passar por um processo natural de descentração. A ação educativa, baseada na cooperação e no respeito mútuo, auxilia o processo natural em que a criança se libera (gradualmente) do egocentrismo e caminha gradativamente para uma autonomia intelectual e moral.

A ação "educativa" (entre aspas) baseada na coação e no respeito unilateral tende a perpetuar o egocentrismo, mantendo a criança na heteronomia.

As atividades propostas procuram preparar a criança, conduzindo-a, gradativamente, para a autonomia moral, para que, mais tarde ela possa compreender a moral evangélica como necessidade indispensável à sua ascensão evolutiva. Segundo Piaget, a autonomia será conseguida, dentre outras coisas, através da **afetividade** (a criança respeita a quem ama) e do **respeito mútuo** (faça aos outros o que gostaria que fizessem a você), num ambiente de **cooperação** (exercício da fraternidade e do amor ao próximo).

CONVERSAÇÃO: Novamente em círculo. Com habilidade, o evangelizador permitirá que as crianças se manifestem (uma por vez) sobre a sua vida em família, as que já estão freqüentando uma escola pública ou particular, as que já saíram para fazer compras com a mamãe, etc. Encaminhar a conversa para a pequena sociedade que aquele grupo forma. Destacar alguma coisa de uso comum, ou seja, que todos usam. Por exemplo, a biblioteca infantil. Sugerir que confeccionem cartazes ilustrativos para a biblioteca.

ATIVIDADE ARTÍSTICA: Dividir as crianças em grupos para confeccionarem os cartazes para a biblioteca infantil. Os **ajudantes do dia**, que são escolhidos em rodízio, distribuem o material de forma que cada grupo receba determinado tipo de material, por exemplo, lápis amarelo e verde para um grupo, apontador e borracha para outro grupo, cola para outro, etc., de tal forma que, para realizar a atividade terão que se ajudarem mutuamente. Na atividade, a criança percebe que necessita do outro, assim como pode colaborar com o outro, num mesmo objetivo. Ao mesmo tempo em que percebe que é importante para o grupo, percebe também que necessita do outro, desenvolvendo a cooperação e o respeito mútuo, antídotos do orgulho e do egoísmo.

ARRUMAÇÃO: As próprias crianças arrumam todo o material, colocando-os nos devidos lugares.Os ajudantes do dia, distribuem as tarefas entre os companheiros. O clima deve ser de harmonia e cooperação e não de imposição unilateral. Em geral, as crianças adoram cooperar. Não se justifica a coação pois, se a evangelizadora praticar a reciprocidade, a criança compreenderá que é seu dever natural recolocar os materiais na ordem que estavam. Como os ajudantes do dia são escolhidos em rodízio, as crianças tendem a respeitar as atribuições dos companheiros como desejam ser respeitadas quando chegar a sua vez de ser ajudante.

AUTO-AVALIAÇÃO: Ao final, todos em círculo, sentados, avaliam o próprio trabalho, incluindo a evangelizadora.

Não se trata de avaliar conteúdos, nem o progresso alcançado por cada um, o que somente ocorrerá a longo prazo e ninguém pode avaliar previamente o resultado da semeadura atual. Trata-se da auto-avaliação do comportamento em relação ao trabalho do dia.

Cada criança poderá avaliar o próprio comportamento e trabalho. A própria evangelizadora participa da auto-avaliação. A auto-avaliação é tarefa importantíssima para conduzir a criança à autonomia. A criatura que aprende a analisar a si mesma, reconhecendo seus méritos e seus defeitos, caminha mais rapidamente na escalada evolutiva. Ao mesmo tempo, a auto-avaliação funciona como mecanismo de auto-regulação levando a criança a se auto-corrigir, dispensando qualquer mecanismo punitivo ou de premiação que somente tendem a manter a criança na heteronomia. Não haverá, pois, nem prêmios nem castigos, mas apenas a conscientização de sua atuação no trabalho e o compromisso de se melhorar.

As crianças sentadas em círculo se auto-avaliam. A evangelizadora também se avalia.

A avaliação da própria evangelizadora mantém o clima de reciprocidade. A afetividade, o amor e o carinho, bem como a sinceridade da evangelizadora tornam o clima propício à sinceridade de todos os componentes do grupo. A experiência demonstra que a criança que tende a mentir sobre si mesma será alvo das observações dos próprios companheiros. Com o tempo, a harmonia se fará no grupo em clima de fraternidade e cooperação.

Naturalmente, as sugestões apresentadas não se referem a atividades para uma "aula", mas parâmetros que devem estar presentes em todas as atividades, principalmente a afetividade, a reciprocidade e a cooperação, para conduzir, gradualmente e com naturalidade, a criança ao Estado Moral ou seja, a autonomia moral. A atitude do educador, seu carinho e afeto, são ingredientes indispensáveis.

EXEMPLO 2:

Exemplo de atividade utilizando material concreto para se trabalhar o pensamento lógico.

O conteúdo básico se prende à segunda parte de *O Livro dos Espíritos*, Mundo Espírita ou dos Espíritos, incluindo desencarnação, perispírito, a vida no Mundo Espiritual, reencarnação...

Construir com as crianças duas maquetes. Uma representando nosso mundo terrestre (representação de uma cidade qualquer) e a outra retratando o Mundo Espiritual, com base nas descrições de *Nosso Lar* e *E A Vida Continua...*

Utilizar material de sucata: caixinhas de fósforos e de remédios, encapando-as com papel de dobradura ou pintando-as. A grama pode ser feita com pó de serra pintado ou crepon verde picado. Rios e lagos com papel celofane azul ou papel laminado prata.

Na parte debaixo da segunda maquete, forrar com papel azul (retratando o céu, como o vemos) e colar "nuvens" brancas (em papel de seda ou crepon branco).

Colocar uma maquete sobre a outra, prendendo ambas com fios de nylon ou linha.

Placa de isopor de 0.5 x 1.0 cm. Os prédios podem ser simples caixinhas de remédios e outras embalagens, encapadas com papel de dobradura.

A maquete poderá ser utilizada em diversas atividades, com crianças de diversas idades, demonstrando a existência de cidades e colônias espirituais (a exemplo de Nosso Lar).

EXEMPLO 3:

Trabalhando o tema perispírito com material concreto.

Confecção de um fantoche de mão, utilizando um saquinho branco (com o rostinho desenhado) e outro sobreposto a este, com saquinho pardo (com o mesmo rostinho desenhado). Coloque o saquinho branco na mão e em seguida, sobre ele, coloque também o saquinho pardo.

Crie suas próprias histórias com as maquetes e este personagem "duplo", levando-o a dormir e sonhar. Durante o sono o corpo físico (saquinho pardo) permanece dormindo no mundo físico (maquete de baixo) e o corpo espiritual (saquinho branco) se desprende e sai em atividades no Mundo Espiritual (maquete de cima). Um pedaço de barbante poderá manter os dois saquinhos ligados, como o cordão fluídico.

Muitos temas poderão ser trabalhados com estes materiais: Mundo Espiritual, diferenças e semelhanças entre o plano físico e o espiritual, perispírito, desprendimento durante o sono, encontro com pessoas amadas (já desencarnadas) durante o sono, desencarnação, reencarnação, etc.

Fantoche de papel pardo representando o corpo físico.

Embaixo do fantoche pardo, o fantoche branco, representando o perispírito.

Enquanto o corpo físico descansa, o Espírito, com o seu corpo espiritual, passeia no Mundo Espiritual.

EXEMPLO 4:

Trabalhando o tema "Criação" com material concreto.

MODELAGEM COM ARGILA EM PÓ:

Soprar um pouquinho de argila em pó, fazendo poeira no ar. Comparar com a matéria cósmica.

Molhar a argila em pó e modelar uma bola. A matéria cósmica se condensando, surge o Sol.

Destacar uma porção desta massa e modelar uma pequena bola. O orbe terrestre se desprende da nebulosa solar.

Durante as atividades, destacar que desde que a Terra se desprendeu da Nebulosa Solar, Jesus e uma equipe de Espíritos superiores trabalham em sua formação, auxiliando a evolução dos seres.

argila em pó: matéria cósmica

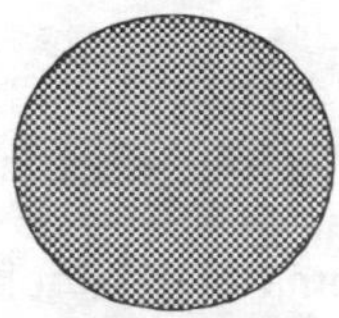

argila molhada: modelar o Sol

O orbe terrestre se desprende da Nebulosa Solar

Cada criança poderá modelar seu próprio Planeta.

EXEMPLO 5:

Trabalhando com material concreto em ambiente de cooperação.

Aproveitando o material modelado, reconstruir todos os planetas do Sistema Solar. Pintar com guache.

O Sistema Solar será um trabalho conjunto, onde todos colaboram.

EXEMPLO 6:

RECONSTRUINDO as etapas evolutivas da Terra em bolas de isopor:

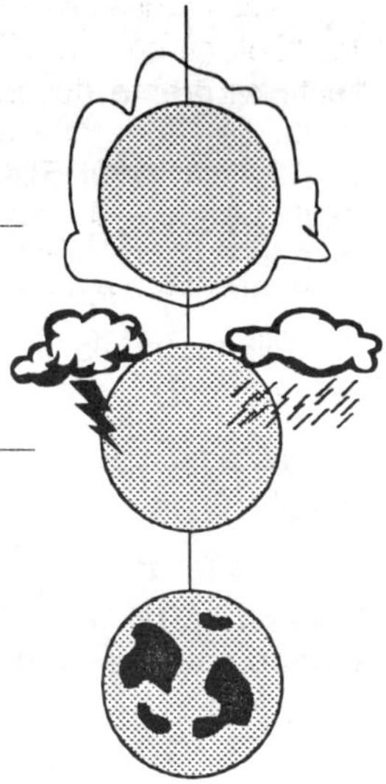

cobrir com celofane representando vapores

No início a Terra estava em meio de vapores aquosos e descargas elétricas.

colorir com guache

Com o frio do espaço forma-se a crosta solidificada. Grandes tempestades varrem o planeta, fazendo surgir os oceanos.

Pouco a pouco o ambiente foi melhorando e a luz solar invadindo a Terra. Nessa época, Jesus e os trabalhadores Divinos envolveram a Terra com uma massa gelatinosa de onde surgiu o protoplasma e daí as primeiras células, dando origem a toda seqüência evolutiva dos seres vivos.

EXEMPLO 7:

TEATRO DE FANTOCHE, com o tema evolução. Idéia original de **Mariana Frungilo**.

– Boa tarde. Hoje será apresentado um teatro de fantoches onde trouxemos um ser muito especial para contar a sua história; gostaria que ela fosse muito bem aplaudida: Dona Ameba. (Não aparece nada).

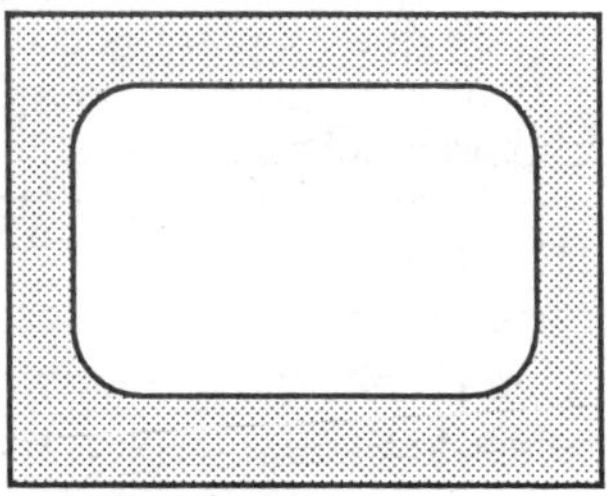

Nada aparece no palco. A ameba é muito pequena.

–Ah! Me desculpem. Tragam a lente. (Coloca-se um plástico transparente na frente do "palco" como se fosse uma poderosa lente de aumento. Explicar que a ameba é muito, muito pequenina e só pode ser vista com um microscópio ou com uma lente muito poderosa como a nossa. Ao colocar a lente, aparece a ameba.)

– Aplausos, por favor.

Ameba: – Boa tarde. Eu fui convidada para contar a minha história, porque como sabem, eu fui o primeiro ser vivo a aparecer no planeta: uma única célula. Eu estava no fundo do mar quando apareceram muitas outras iguais a mim. Nos juntamos então, passando a viver juntas.

Com o passar do tempo, fui me transformando, me transformando, até que virei um peixinho.

Já existiam nesse enorme oceano, o reino vegetal e o reino animal. Os seres vivos iam se multiplicando... se multiplicando e enchendo os mares. No mar tinha uma coisa que todos precisamos para viver: o oxigênio.

Até que as plantas começaram a procurar a luz do Sol. Os ventos espalhavam suas sementes na terra, e onde havia água, elas brotavam e cresciam. Assim, com o tempo, a terra se encheu de árvores e todo tipo de vegetação.

Peixe: – Eu estava nadando na maior folga com os meus companheiros, quando fomos espiar lá em cima:

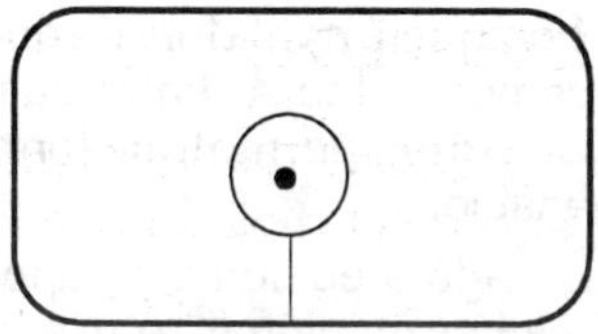

Com a lente de aumento surge a Ameba

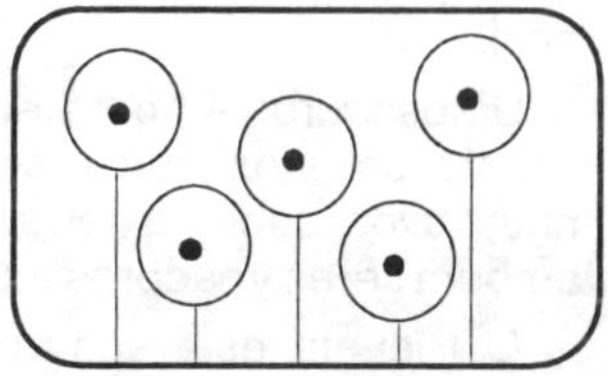

seres unicelulares oxigênio na água

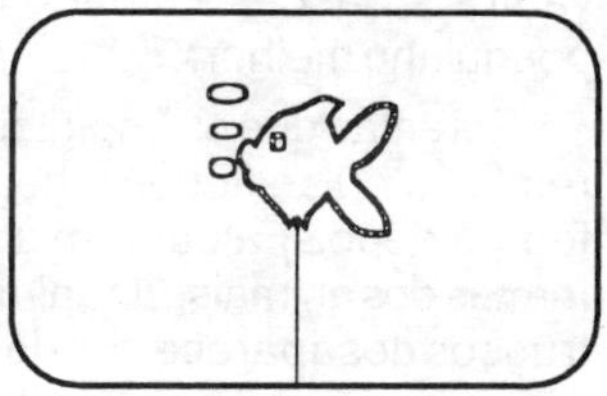

peixes

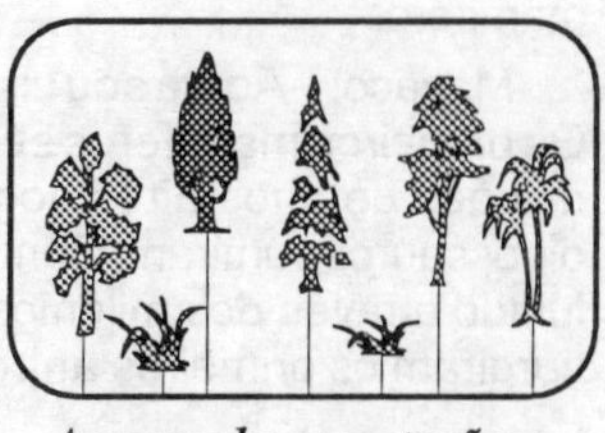

As grandes vegetações: oxigênio na atmosfera

Como será a vida fora d'água? Começamos então a tentar sair do mar. Com o tempo, me transformei em um anfíbio...

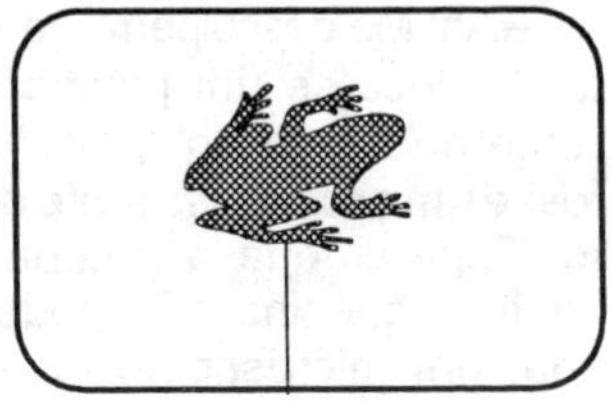

anfíbios

Agora eu sou um sapo, já tenho minhas perninhas e um pulmão para respirar fora da água e fui descobrindo a vida fora dela. Com o passar de muito tempo, me transformei em um réptil.

Dinossauro: – Agora eu sou um gigantesco dinossauro e já posso pôr meus ovos sobre a terra. Existem também seres voadores enormes.

répteis e seres voadores

O Planeta está sendo habitado por seres de todos os tipos: peixes, anfíbios, répteis e pássaros. Cada vez que nosso corpo morria, voltávamos a nascer em outro corpo um pouquinho melhor.

Foi então que os Espíritos Superiores (isso eu só fiquei sabendo muito tempo depois) ajudaram a mudar as formas dos animais. Os animais monstruosos desapareceram da Terra.

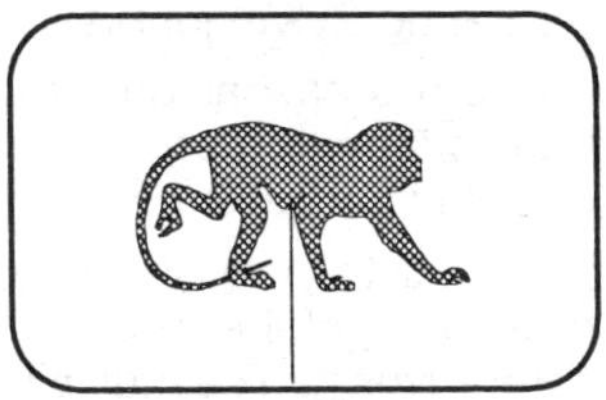

mamíferos

Assim, mudando de corpos, fui ficando cada vez melhor e me tornei mamífero.

Macaco: – Agora sou um macaco. Os primeiros mamíferos surgiram 70 milhões de anos atrás, logo que os dinossauros sumiram. Continuei evoluindo através dos milênios, até que surgiram os primeiros antropóides.

primatas

Fui ficando cada vez mais esperto e ágil e de aprendizado em aprendizado, mudando sempre de corpo, cheguei ao que sou hoje.

O personagem sai detrás do palco e se mostra.

– Hoje ficamos sabendo que quem nos ajudou durante tantos milênios foi Jesus e uma equipe imensa de Espíritos superiores. Graças a eles, hoje eu sou uma menina.

EXEMPLO 8:

Exemplo de atividades integradoras, onde participam crianças de todas as idades, trabalhando-se o ser individual, com suas tendências e necessidades individuais e, ao mesmo tempo, trabalhando o aspecto social, o ser social em constante integração com os de mesma idade, idades diferentes e entre crianças, jovens e adultos.

Realizamos em nossa casa a EXPOESP (Exposição Espírita), onde participaram, nos trabalhos preparatórios e na exposição propriamente dita, crianças pequenas, jovens e adultos, em íntima integração, baseada na cooperação, no respeito mútuo e na afetividade. Utilizamos muita ação e material concreto com as crianças, idéias abstratas e pensamento formal com os jovens, arte em todos os níveis, num ambiente efetivamente evangelizador, procurando desenvolver o potencial íntimo de cada um, tanto no aspecto intelectual (no que se refere ao conteúdo Doutrinário e desenvolvimento da razão) quanto no aspecto moral e afetivo.

EXPOESP

Exposição Espírita com o tema "A Criação"

Conteúdo básico: *O Livro dos Espíritos*,

Primeira parte: cap. I – Deus; Cap. II – Elementos Gerais do Universo; Cap. III – Criação; Cap. IV – Princípio Vital.

Segunda parte: Cap. XI – Os Três Reinos (possui ligação com a primeira parte)

ATIVIDADE PRELIMINAR: Passeio no campo e zoológico, com todas as crianças e jovens. Todos observaram elementos dos três reinos: mineral, vegetal e animal, ao mesmo tempo; colheram materiais como pedras, areia, folhas, flores, galhinhos, penas, pequenos insetos mortos, e outros materiais, tomando o cuidado de não danificar nada pertencente à Natureza. Os evangelizadores trabalharam o tema Deus na Natureza, Deus Criador, Deus Pai, destacando o respeito e o amor à Natureza.

Visita a um parque. As crianças em contato direto com a Natureza.

Após o passeio, as crianças separaram o material recolhido, em caixas, de acordo com o reino a que pertenciam: mineral, vegetal ou animal, planejando a exposição.

A EXPOSIÇÃO:

I – OS TRÊS REINOS e a utilização pelo homem: as crianças pequenas expuseram os materiais recolhidos, bem como certos tipos de alimentos e chás, compreendendo a importância da Natureza em nossas vidas, destacando os alimentos (arroz, milho, frutas, etc.) e os produtos derivados como perfumes e remédios. Os visitantes tomaram chá e experimentaram os alimentos, enquanto ouviam as explicações das crianças.

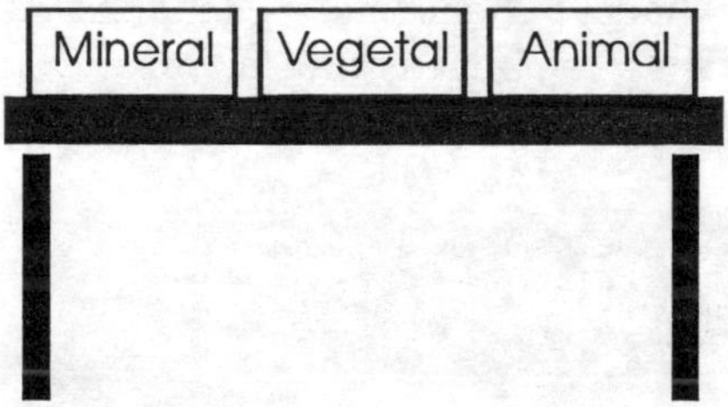

Materiais dos três reinos

Alimentos derivados dos três reinos

II – CRIAÇÃO E EVOLUÇÃO: Outro grupo de crianças (até 10 anos) trabalharam com maquetes, destacando a criação do planeta e as diversas fases evolutivas. Foram montadas maquetes em placas de isopor destacando: os primeiros tempos do planeta, a era dos grandes vulcões, os primeiros seres vivos nos oceanos, a era dos répteis (incluindo dinossauros), a época dos mamíferos, os primeiros homens nômades, o homem sedentário e as primeiras civilizações organizadas.

As próprias crianças forneciam explicações aos visitantes, em cada maquete.

Maquetes com placas de isopor, areia, argila, serragem, etc., representando as fases da criação. As crianças explicam aos visitantes.

Maquetes simples com papel color set, papel de seda, serragem e pó de crepon.

Recortar e colar os peixinhos ou fazer com massa de modelar.

Mar: cobrir com papel celofane azul

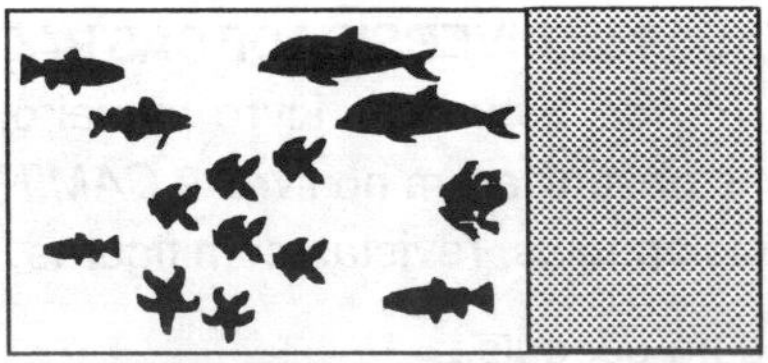

Praia: colar areia fina, ou cobrir com papel pardo.

placa de isopor — vista de cima

placas de isopor – As grandes vegetações

Era dos répteis

Era dos mamíferos

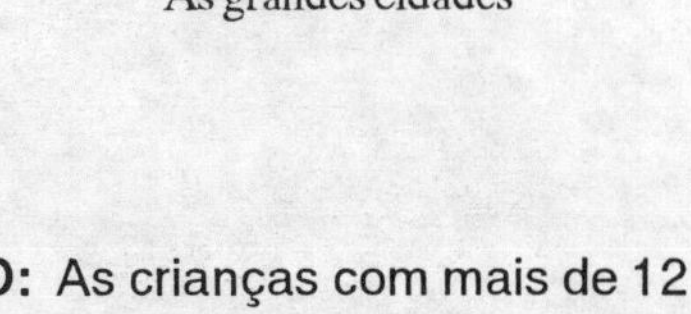

As grandes cidades

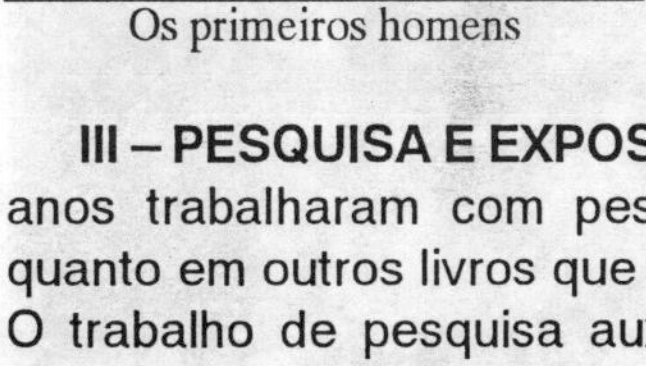

Os primeiros homens

III – PESQUISA E EXPOSIÇÃO: As crianças com mais de 12 anos trabalharam com pesquisas, tanto nas obras espíritas quanto em outros livros que foram analisados à luz da Doutrina. O trabalho de pesquisa auxilia o desenvolvimento do pensamento abstrato, do pensamento científico, bem como auxilia o desenvolvimento da autonomia intelectual e moral.

Trabalhando o tema: **DIVERSIDADE DAS RAÇAS HUMANAS:** Além de *O Livro dos Espíritos* – Livro primeiro, cap.III pgta. 50 a 54, as crianças pesquisaram no livro *A CAMINHO DA LUZ*, de Emmanuel, enciclopédias, revistas com figuras, etc.

Destacou-se na pesquisa:

Como esses povos viviam? Como entendiam Deus? Quais as crenças, a cultura e características gerais?

Destacou-se ainda os pontos em comum que tinham com a Doutrina Espírita. Em muitas civilizações como Egito, Índia, Grécia, encontraremos muitos pontos em comum com a Doutrina Espírita.

Após a pesquisa, cada grupo montou um ambiente especial com as características e informações sobre o povo, fazendo uma exposição pública.

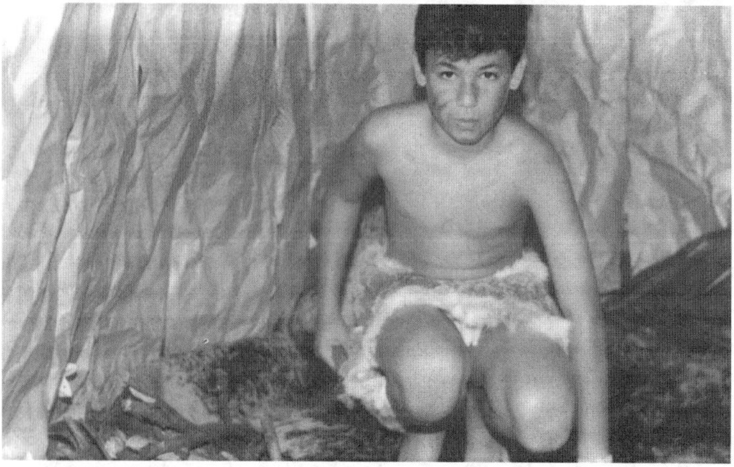

Ambiente representando o homem primitivo. O visitante podia entrar na caverna.

Por exemplo:

Ambiente representando o homem das cavernas: foi montado em um canto da sala uma caverna (com papel pardo amassado), uma criança representando o homem da caverna. Pedaços de ossos e peles de animais espalhados pelo chão formavam o ambiente da época.

O EGITO: Desenhos das pirâmides, cartazes e textos sobre os costumes e crenças As crianças se prepararam para expor e explicar aos convidados a assistir a exposição.

Da mesma forma, foi pesquisado nas mesmas obras, e preparada a exposição para a CHINA, ÍNDIA, O POVO HEBREU, A GRÉCIA e ROMA.

Foram trabalhados outros povos atuais: italianos, japoneses, alemães, portugueses, etc.

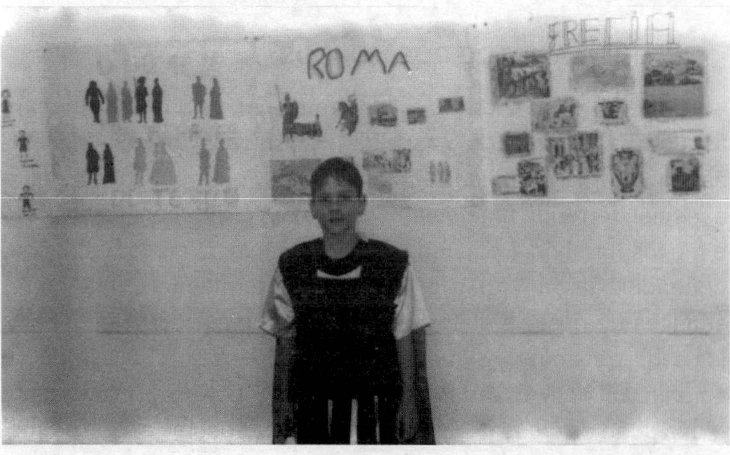

A Grécia, Roma, o Egito, a China e outros povos foram caracterizados de forma especial. As crianças forneciam explicações aos visitantes.

A criança vestida a caráter fornecia explicações sobre as diversas civilizações.

IV – PLURALIDADE DOS MUNDOS:

Outro grupo de crianças e jovens maiores, estudaram o mesmo assunto, aprofundando o aspecto da criação Universal, destacando o tema Pluralidade dos Mundos. Montaram um ambiente especial, forrando uma sala com plástico preto, com luzes atrás e muitos furinhos. Bolas de isopor nos mais diversos tamanhos, dependuradas em linhas fixadas no forro, formavam os planetas e satélites de nosso sistema. Os furinhos no plástico ofereciam a idéia do espaço com suas milhares de estrelas. O estudo se estendeu até o livro *Cartas de Uma Morta* (F.C. Xavier, LAKE) onde Maria João de Deus (Espírito) nos revela aspectos interessantíssimos dos planetas Marte, Saturno e outros. Os jovens explicavam aos visitantes detalhes sobre os planetas.

Os planetas e satélites são feitos de bolas de isopor pintadas, penduradas com linha preta. Com o fundo preto, a linha praticamente não é notada.

V – NATUREZA E EVOLUÇÃO: Outro grupo de jovens fez um filme sobre a natureza, com uma câmera de vídeo e a ajuda dos pais. O filme foi realizado em área de reserva florestal e projetado (em vídeo, pela TV) em diversas sessões durante a exposição.

VI – TEATRO, MÚSICA E DANÇA: A exposição terminava no salão principal, com o Grupo Teatral Espírita Infantil apresentando a peça *Evolução.*

O Coral Infanto-Juvenil do IDE apresentou músicas sobre Deus, A Criança, a Natureza, etc.

O Grupo de Dança Evolução apresentou uma coreografia com o tema Evolução, representando toda a evolução das espécies até o homem espiritualizado de amanhã.

O Coral infanto-Juvenil do IDE apresentou músicas adequadas ao tema.

O Grupo Teatral infantil apresentou a peça *Evolução*.

O Grupo de Dança Evolução apresentou a coreografia *Evolução*. Coreografia de Daniela Pereira com a ajuda do próprio grupo.

Os pais colaboraram em muitas das etapas do trabalho, em perfeita integração com os demais grupos. Mas no dia da exposição foram os convidados especiais.

O sucesso do trabalho depende de se saber aproveitar as tendências naturais de cada criança. Muitas vezes, a própria criança não sabe com certeza em que atividade quer participar. Deixe-a experimentar.

Em nossa exposição, uma das crianças apresentou problemas de adaptação e disciplina no setor das maquetes e trabalhos manuais, mas quando tentou o teatro, revelou-se com grande capacidade e interesse.

Algumas crianças pequenas não quiseram ficar na exposição dos três reinos. Foram para o teatro e encenaram os animaizinhos da floresta, contracenando com os maiores, em harmonia.

Outras quiseram ajudar nas atividades manuais e também participar do teatro. Existindo papéis disponíveis, participaram das duas atividades com sucesso.

Tudo dependerá do bom senso dos evangelizadores, sabendo orientar sem impor. A criança respeita o adulto que a ama e a respeita também. Afeto, respeito mútuo e reciprocidade devem estar presentes em todas as atividades. O ambiente geral dever ser eminentemente evangelizador.

A EXPOESP propiciou oportunidade de participação em todos os tipos de artes: na música, na dança, no teatro, nas artes plásticas, na literatura, aproveitando o potencial que desabrochava de cada um e as tendências naturais que se manifestavam.

Da mesma forma, trabalhou-se intensamente o material concreto através da modelagem (as crianças modelaram vulcões, dinossauros, etc. com argila), pintura, recorte e colagem, etc. Os maiores tiveram a oportunidade de trabalharem idéias abstratas, o pensamento formal, realizando pesquisas, principalmente no tema "Pluralidade dos Mundos". *O Livro dos Espíritos* e A *Gênese* foram amplamente consultados.

O contato direto com a natureza foi relevante, visitando parque ecológico e zoológico. Visitou-se também uma reserva florestal onde um grupo de jovens realizou filmagens, elaborando o filme em vídeo: *Natureza e Evolução.*

A integração entre os elementos de diversas idades não violentou o estágio evolutivo de cada um. Pelo contrário, colaborou para uma maior visão, para o processo de descentração e respeito ao ponto de vista do outro.

Os evangelizadores se esforçaram para manter um **Ambiente Evangelizador** durante os preparativos e a exposição.

EXEMPLO 9:

Criação do *Jornal da Evangelização*, com a participação de todos. O jornal poderá conter notícias que ocorrem na própria evangelização como nas demais atividades da Sociedade. As próprias crianças e jovens realizam entrevistas, escrevem artigos, desenham e ilustram o jornal. O conteúdo estudado nas reuniões poderá ser transformado em textos, escolhidos pelas crianças e publicados. Mesmo as crianças pequenas poderão participar com ilustrações e idéias. O jornal tanto poderá ser impresso, como datilografado e fotocopiado (xerox). O importante é que as crianças e jovens tenham participação ativa no jornal. Não é um jornal feito pelo adulto para a criança, mas um jornal feito pelas próprias crianças e jovens. O objetivo central está na própria execução do jornal que mobilizará as crianças e jovens à atividade: entrevistar, pesquisar, fotografar, escrever, desenhar, criar o lay-out, imprimir (ou fotocopiar), distribuir e, finalmente, ler.

EXEMPLO 10:

Formação de um CORAL INFANTO-JUVENIL e/ou GRUPO MUSICAL INFANTO-JUVENIL, estimulando a participação das crianças e jovens, aproveitando as tendências de cada um, tanto para o canto como para a música instrumental, especialmente aqueles que já aprendem algum instrumento musical.

EXEMPLO 11:

Formação de um GRUPO TEATRAL INFANTIL, onde, através de atividades simples, as crianças possam se introduzir gradativamente nas artes cênicas.

Capítulo Oitavo

ARTE E EDUCAÇÃO

1
ARTE E EDUCAÇÃO

A arte, em geral, como atividade criadora por excelência, vem ao encontro das necessidades de movimento e ação da criança e do jovem. Não apenas ação motora, física, mas principalmente os movimentos intensos da própria alma, do ser espiritual, na expansão do sentir e do querer.

A criança, sendo filha de Deus-Criador, é criadora por excelência e a sua criatividade se manifesta através dos diversos canais de expressão. A arte é um dos mais valiosos canais de expressão, seja ela teatro, música, dança, pintura, modelagem, literatura, poesia... Através dela, a criança expressa a criatividade que existe dentro de si.

Ao evangelizador cabe a tarefa de conduzir essa criatividade para os canais superiores da vida. A arte será forte e poderoso veículo de educação do sentimento, de educação dos impulsos da alma, canalizando-os para o bem e para o belo.

A criança inicia seus estágios de desenvolvimento através da observação, que se caracteriza por uma crescente curiosidade por tudo que a cerca. Após observar, ela irá fazer comparações e procurar imitar, experimentar, vivenciar.Através da vivência ela desenvolve as potências do Espírito.

Vivenciar, espiritualmente falando, não significa apenas participar, mas viver intensamente, com a força de sua energia espiritual capaz de se manifestar no momento. Vivenciar é viver de forma vibrante, é sentir e querer com alegria e entusiasmo.

A arte é forte elemento de interação vertical, onde a alma interage com as energias espirituais superiores que pululam no Universo. À medida em que interage, desenvolve seu potencial anímico que se manifesta no querer, ampliando sua faixa vibratória em níveis superiores.

A arte aprimora os sentimentos, direcionando os impulsos da alma para os canais superiores da vida. Na alma enobrecida e elevada, a arte vive e vibra intensamente.

Nesse sentido, não poderá haver educação do Espírito fora da arte superior e nobre.

2

A ARTE À LUZ DA DOUTRINA ESPÍRITA

A arte infantil já é uma realidade no meio espírita. Pequenos grupos se formam ensaiando os primeiros passos no teatro infantil; corais infantis se iniciam aqui e ali e o movimento cresce dia a dia.

Embora alguns companheiros se mostrem receosos quanto aos resultados e à aplicação da Arte Infantil, é interessante lembrar que a criança, antes de aprender a andar, engatinha e antes de aprender a falar balbucia pequenas palavras. A arte infantil espírita crescerá sem dúvida e devemos empenhar todo o nosso esforço no sentido de auxiliar, incentivar os valores que surgem entre as crianças. Não podemos perder de vista que a criança é o Espírito que retorna à nova fase evolutiva e que traz seus talentos interiores esperando pelo incentivo dos que a acolhem.

O valor da arte na Evangelização é imenso, tanto no que se refere ao conhecimento espírita, quanto ao desenvolvimento de sentimentos superiores. Nosso trabalho, pois, é de incentivo constante, orientando dentro dos princípios da Doutrina Espírita, bem como, dentro das técnicas que a própria arte requer.

Vejamos o que nos diz Rossini (*Obras Póstumas*, A.Kardec, Cap. A Música Espírita) sobre a música e arte em geral:

"Oh! sim, o Espiritismo terá influência sobre a música! Como poderia não ser assim? Seu advento transformará a arte, depurando-a. Sua origem é divina, sua força o levará a toda parte onde haja homens para amar, para elevar-se e para compreender. Ele se tornará o ideal e o objetivo dos artistas. Pintores, escultores, compositores, poetas, irão buscar nele suas inspirações e ele lhes fornecerá, porque é rico, é inesgotável."

*

A primeira obra mediúnica publicada no Brasil por Francisco Cândido Xavier utilizou a arte para transmitir as mensagens de 56 poetas renomados das Literaturas Portuguesa e Brasileira.

*

André Luiz nos revela a imensa utilização da música em diversas cidades ou colônias Espirituais, principalmente em "Nosso Lar".

Interessante notar que a cidade "Nosso Lar", em forma de estrela de seis pontas, localiza, em sua parte superior, o Ministério do Esclarecimento de um lado, o Ministério da Elevação do outro e no centro, o Ministério da União Divina. (Ver Plano Piloto da cidade "Nosso Lar", no livro *Cidade no Além*, Heigorina Cunha, André Luiz e Lucius, F.C.Xavier, IDE)

De um lado o esclarecimento, o conhecimento nobre, os princípios superiores, e de outro a elevação do sentimento, o desenvolvimento de ideais nobres, do sentimento elevado, ambos (conhecimento e sentimento) conduzindo o Espírito às Esferas mais elevadas. A localização do Campo da Música no Ministério da Elevação nos faz pensar na importância da música para a evolução do Espírito.

*

Na obra *Memórias de Um Suicida*, o Espírito Camilo, ao relatar o período que passou em uma Cidade Universitária, descreve escolas especializadas em diferentes cursos: Moral, Filosofia, Ciência, Psicologia, Pedagogia, etc., relatando, também, espetáculos que presenciou na Cidade Esperança, onde a arte era cultivada com esmero, incluindo-se a poesia, a música e a dança:

"Então a beleza do espetáculo atingia o indescritível, quando, deslizando graciosamente pelo relvado florido, pairando no ar quais libélulas multicores, os formosos conjuntos evolucionavam(...); agora, eram jovens que viveram outrora na Grécia, interpretando a beleza ideal dos "ballets" de seu antigo berço natal; depois, eram egípcias, persas, hebraicas,hindus, européias, extensa falange de cultivadores do Belo a encantar-nos com a graça e a gentileza de que eram portadoras(...). E todo esse empolgante e intraduzível espetáculo de arte(...) fazia-se acompanhar de orquestrações maviosas onde os sons mais delicados, os acordes flébeis de poderosos conjuntos de harpas e violinos, que eram como pássaros garganteando modulações siderais, arrancavam de nossos olhos deslumbrados, de nossos corações enternecidos, haustos de emoções generosas que vinham para tonificar nossos Espíritos, alimentando nossas tendências para o melhor(...)"

Ante a surpresa de Camilo, uma das vigilantes do internato onde se asilava diz:

"– Não vos admireis, meus amigos! O que vistes é apenas o início da Arte no além-túmulo... Trata-se da expressão mais simples do Belo(...) Em esferas mais bem dotadas que a nossa existe mais, muito mais!..." (p. 553-554)

*

Segue abaixo um trecho de Irmão Saulo – Prof. J. Herculano Pires:

"A música celeste, de que tanto falam os místicos e os santos, deixa de ser uma expressão alegórica, para se transformar numa realidade verificável, e o que é mais importante, verificável através da pesquisa e da experiência. O Espiritismo prova a importância fundamental da música para a evolução do espírito, não somente no plano da vida terrena, mas também na vida espiritual." (*Anuário Espírita 1989*, p. 78 e 79)

3

O TEATRO

O que sente o pequeno ator desempenhando determinados papéis num palco, mesmo improvisado?

Nada melhor do que a dramatização e o teatro para levar a criança a vivenciar certas emoções e situações. À medida em que vivencia, ela trabalha com suas próprias energias íntimas, colocando-se no lugar do outro. O teatro levará a criança e o jovem a vivenciar situações, a imitar personagens, cujas personalidades poderão ser por ela assimiladas e que depois quererá vivenciar na prática.

Os personagens e o enredo devem ser escolhidos com cuidado. As cenas reais e práticas deverão ser articuladas com mensagens de amor e caridade, simplicidade e humildade, despertando os valores morais e dando à inteligência de cada um o poder de análise.

O teatro arma dentro de nós uma defesa quanto àquilo que procuramos fazer em favor de todo personagem. Quando bem vivido e sentido pode modificar até a conduta de nossas crianças e jovens.

A criança não deve ser constrangida a interpretar determinados papéis que não lhe agradam e com os quais ela não se identifica. No entanto, o evangelizador poderá selecionar os papéis e sugerir os intérpretes em conjunto com as crianças.

Poderemos, por exemplo, oferecer papéis fortes e interessantes para os jovens em dificuldade, onde terão oportunidade de sentir e se modificar.

A criança agitada (sangüínea) poderá interpretar papéis mais calmos bem como a criança fleumática poderá interpretar papéis mais fortes, vivenciando, assim, outras realidades.

Com as crianças pequenas, pode-se usar dramatizações curtas e o teatro de fantoche.

Utilize a música e a dança em conjunto com o teatro. Use de entusiasmo e alegria, incentivando a participação de todos, sem forçar.

Promova apresentações periódicas, convidando os pais, familiares e amigos.

Procure os temas na própria literatura espírita.Se na literatura infantil espírita ainda encontramos poucos títulos, a literatura espírita em geral é riquíssima, com muitas obras que podem ser adaptadas para as crianças. Mas cuidado; as adaptações requerem muito tato e bom senso.

Podemos encontrar diversos contos e apólogos nas obras de Humberto de Campos, Néio Lúcio, além de outros.

No teatro a criança vivencia e sente a emoção do personagem.

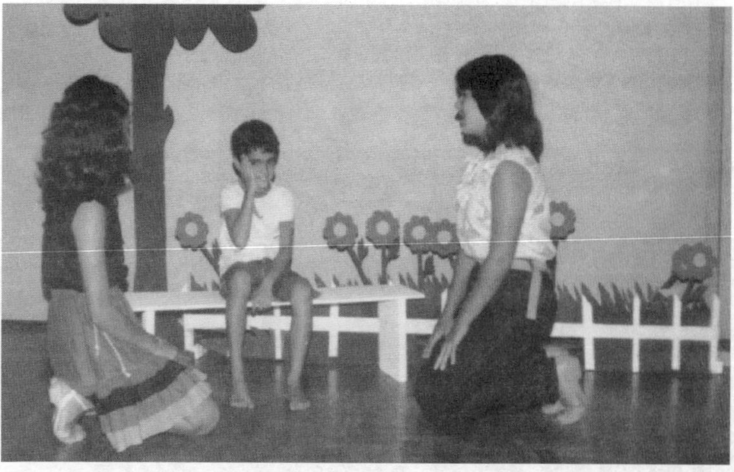

Enquanto vivencia, trabalha com suas próprias energias íntimas.

4
ARTES PLÁSTICAS

O que sente o pequeno artista com as mãos lambuzadas de tinta, debruçado sobre o papel? Um mundo branco onde ele pode agir, criar.

O que sente a pequena escultora, trabalhando com as mãos num pedaço de argila? O poder criador do Espírito modificando as formas da matéria.

As artes traduzem fator de grande incentivo às crianças e aos jovens. Muitos despertarão, pois são Espíritos reencarnados e podem trazer grande bagagem artística que deverão extrapolar de si mesmos.

Pinturas e criações deverão ser estimuladas sem interesse de julgamento, mas dando oportunidade de apreciar os valores naturais.

Tanto as artes plásticas como os trabalhos manuais podem ser utilizados de acordo com o conteúdo da aula, numa forma de concretizar o ensino, facilitando a compreensão.

O desenho, a pintura, a modelagem são atividades criadoras, que poderão conduzir as energias do Espírito para canais criativos superiores.

Iniciar as atividades artísticas com uma prece e uma música suave a envolver o ambiente forma o clima ideal. Mesmo as atividades individuais, devem ser executadas num clima de afeto e respeito mútuo, num ambiente de cooperação. A energia anímica e criadora da criança seguirá os canais superiores da vida, ampliando suas fronteiras vibratórias superiores.

Não utilize desenhos mimeografados para a criança pintar.

A criança é **criativa** por excelência. Use a sua criatividade e ofereça experiências variadas. Citamos abaixo apenas alguns exemplos, para demonstrar que o campo das artes é muito vasto. Pesquise em livros especializados. Além das atividades livres, utilize a arte para desenvolver conteúdos doutrinários, auxiliando o desenvolvimento das potencialidades interiores da criança.

Exemplos:

Desenho

Desenhar na lousa, no chão com giz, no papel com lápis, lápis de cor, lápis-cera, giz molhado, cola, pincel, etc.

Pintura

Pintura a dedo, com pincéis, com esponja e moldes, bem como utilizando outras técnicas como pintura sobre lixa, pintura com peneira, tinta e cola, etc.

Pode-se usar anilina, guache, aquarela, com as crianças pequenas, bem como tinta para tecido, principalmente com as meninas maiores, e se possível, tinta a óleo ou acrílica com os maiores. A pintura em tecido e pintura a óleo requer técnicas especializadas, devendo ser ensinadas por quem tenha experiência.

Modelagem

Modelagem em argila (barro) que pode ser encontrada a preços muito baixos nas fábricas de vasos de barro ou similares. Depois de seco, pode-se pintar. A massinha de modelar também é bem simples e pode ser encontrada em várias cores.

Recorte

De início, os recortes podem ser feitos à mão com as crianças muito pequenas. Utilizar, depois, a tesourinha sem ponta. Recortes de jornais, revistas, papéis para presentes, etc. Na criação de maquetes e jornais murais, pode-se recortar animais, árvores, flores, etc.

Colagem

Colagens poderão ser feitas com tampinhas, sementes, palitos de fósforo, botões, forminhas de doce, retalhos em geral, linhas, barbantes, folhas naturais, aparas de lápis, figuras de revistas e jornais, etc.

Dobradura

Existem revistas e livros especializados com centenas de exemplos de dobraduras de animais, plantas, objetos, etc.

Montagem

Com material de "sucata", considerado inútil, muita coisa poderá ser feita. Caixinhas de remédios se transformam em prédios para uma maquete, latas de refrigerantes se transformam em porta-lápis para a mesa do papai, tubos de papelão ou de papel higiênico se transformam em porta-guardanapos, etc.

Use a sua criatividade e leve a criança a participar ativamente.

Crianças com 7/8 anos de idade, trabalhando com artes plásticas.

O poder criador do Espírito se manifesta na arte. O ambiente de afeto, amìzade e cooperação formam o clima ideal.

5

MÚSICA

O ritmo está presente na criança a partir de seu próprio organismo: o compasso das batidas do coração, o ritmo compassado do andar, o balançar dos braços, a seqüência interminável do dia e da noite, os horários das refeições, do descanso, tudo à sua volta fala que o universo está envolvido em ritmo harmonioso.

A criança pequena não aprende por conceitos abstratos que falam ao cérebro, mas está mais aberta ao ritmo e ao sentimento que a música transmite. O ritmo e a harmonia da música auxiliam a sua harmonização interior. Assim, letras simples e objetivas, em ritmo harmonioso, alcançarão o coração infantil de forma adequada.

O elemento melódico da música, em harmonia com o ritmo, embala a própria alma, ativando os movimentos interiores do

Espírito. A arte melódica-harmônica-rítmica da música atinge as profundezas da alma, transportando o ser espiritual para as esferas superiores da vida, através da inspiração superior, atingindo as vibrações do mundo espiritual elevado e nobre.

A música representa elevada interação vertical com as esferas espirituais. Mediante essa vivência, em nível espiritual, o sentir e o querer se harmonizam, aprimorando o sentimento e o lado moral da vida.

*

A música pode ser utilizada em conjunto com as artes plásticas, como vimos no exemplo anterior, bem como no teatro, na dramatização e em outras atividades desenvolvidas na evangelização.

Com os pequenos, uma bandinha rítmica pode trazer bons resultados. A criança pequena, até 6 anos aproximadamente, liga-se mais ao ritmo do que à melodia.

Com os maiores de sete anos, a melodia é a parte mais importante, sendo possível a formação de um coral infantil ou de um grupo de música.

Coral Infanto-Juvenil do IDE - Araras - SP

Coral Infanto-Juvenil de Santos, SP, no Festival Estadual de Música Infantil, em Araras - SP

Coral Infanto-Juvenil de Mogi-Guaçu, SP, apresentando-se no Festival Estadual de Música Infantil, em Araras - SP

6

DANÇA

Assim como a música trabalha com os movimentos interiores da alma, a dança exterioriza os movimentos do seu mundo interior. Dançando, o homem transcende o ser físico, adentrando na harmonia com o ser espiritual que há em si mesmo e exterioriza esse ser espiritual em vibrações harmônicas nos movimentos de seu corpo.

A emoção vibra em seu coração e se exterioriza nos movimentos harmônicos do corpo, que representam os movimentos interiores da alma.

O artista abre espaço no próprio espaço para a sua vibração que se expande além do visual e atinge o expectador que pode captar, não só pelos olhos e pelos ouvidos, mas entrando em sintonia com essa vibração.

O Espírito Camilo, em *Memórias de um Suicída,* ao relatar a beleza do espetáculo por ele assistido em uma cidade espiritual, incluindo a poesia, a música e a dança, nos diz:

"(...) arrancavam de nossos olhos deslumbrados, de nossos corações enternecidos, haustos de emoções generosas que vinham para tonificar nosso Espírito, alimentando nossas tendências para o melhor (...)"

Percebemos a música e a dança como poderoso estímulo a fortalecer e conduzir a energia para o bem e para o belo, onde a sua própria alma se expande às vibrações superiores e é impulsionada para caminhos mais elevados.

Grupo de Dança Evolução, do IDE, apresentando toda a Evolução, desde os primeiros seres unicelulares...

O mesmo grupo apresentando a Evolução dos seres.

Na mesma coreografia, apresentando o Espírito evoluído de nosso futuro.

7
LITERATURA

O que sente a criança sentada, ouvindo atentamente a história fantástica e cheia de aventuras que alguém está lhe contando? Por quais mundos fantásticos viaja a sua alma sensível? Com que prazer ela se deixa levar pela força de atração da história!

A história mobiliza suas energias interiores e a criança, embora imóvel, está em ação, viajando por lugares inimagináveis. A capacidade sonhadora é impulso irresistível a atraí-la para mais alto.

As histórias devem ser escolhidas com cuidado e seu aspecto moral deve estar na ação dos personagens e não na teorização de conceitos morais que não atingirão a criança.

A formação de uma biblioteca infantil, mesmo que seja um cantinho simples, mas de forma que os livros estejam expostos e dentro do alcance das crianças, será forte estímulo à leitura.

Incentive o hábito da leitura iniciando pelas crianças pequenas. Conte histórias em atividades conjuntas com artes plásticas, dramatização e música.

*

Compreendendo que nosso objetivo é auxiliar a evolução do Espírito, ninguém duvida da imensa contribuição que a boa leitura pode oferecer. O homem que tem o hábito de ler está desbravando um mundo não só de conhecimentos, mas também de sentimentos e emoções.

Na Doutrina Espírita, o livro tem sido, até então, o melhor veículo do conhecimento doutrinário e também um evangelizador em potencial, pelo grande poder de transformação que exerce no leitor.

Biblioteca Infantil e sala de leitura. Os livros, dispostos de forma agradável, em ambiente decorado, atraem as crianças.

Atividade de estímulo à leitura, aplicada por Sérgio Luiz G.Oliveira. A criança em idade pré-escolar aprende a gostar do livro desde cedo.

A criança aprende a freqüentar a Biblioteca Infantil como um espaço que realmente lhe pertence.

MENSAGEM DE EURÍPEDES BARSANULFO

A paz seja com todos aqui reunidos, nesta hora tão propícia, em que temos o ensejo de dirigir, de maneira direta, a nossa palavra aos nossos queridos amigos.

Oh! que alegria, que prazer, que contentamento imenso experimentamos por esta situação feliz!

Amigos queridos, familiares, companheiros em crença, aqui estamos presentes para vos dar as boas vindas, para vos aconchegar ao nosso coração, num gesto de carinho, de amizade e de amor. Sim, amigos, fomos testemunhas do conclave que hoje realizastes; sabei que está chegando a hora do preparo para a recepção dos ***prepostos da Espiritualidade, que vêm descer ao plano terreno,*** *no desempenho de tarefas nas lides do Espírito de Verdade.*

Estai a postos, amigos; desenvolvei por toda parte, à luz da Doutrina, essas instruções às crianças, aos moços, aos homens, a fim de que ***as hostes do Senhor desçam ao plano terreno*** *num ambiente onde possam receber instruções, luzes e conhecimento para o preparo de sua tarefa, da sua responsabilidade e até da sua missão na Terra!*

Eia, pois amigos! Nada de desânimo, nada de receios; aqui estamos todos presentes. Sabei que a falange do Bem está ativa no mundo espiritual, neste anseio de que mui próximo possa dar-se esta ***descida de Espíritos prepostos, sob a égide do Cristo*** *na direção deste trabalho de reestruturação, de transformação e de renovação das inteligências. Alistai-vos, amigos de bom coração! Alistai-vos na Doutrina; vivei em fraternidade; abri os vossos corações à dor, à necessidade do seu semelhante. Orai ao Pai com fervor, quotidianamente, formando ambiente de serenidade, de união e fraternidade. E, com o pensamento preso à figura sacrossanta do Cristo, sejais habilitados nesta tarefa que vós mesmos vos propondes, de desenvolver os trabalhos do esclarecimento da verdade espiritual do Evangelho do Cristo em todos os corações.*

Agradecido. Mil vezes agradecido pelos pensamentos fervorosos dirigidos à nossa direção.

Que a paz do Mestre amado seja em todos os corações!

Eurípedes Barsanulfo.

(Mensagem psicofônica, por intermédio do Dr. Tomás Novelino, ex-aluno de Eurípedes, recebida no Colégio Allan Kardec, a 28/01/90, em Sacramento-MG)

CONSIDERAÇÕES FINAIS
DOUTRINA–ESCOLA

A mensagem de Eurípedes Barsanulfo nos traz profunda revelação, mostrando-nos a imensa responsabilidade que nos cabe nesta hora de grandes transformações em nosso Planeta.

O trabalho de educação da criança, do jovem, do adulto, assume caráter da mais alta importância, oferecendo o sustentáculo necessário aos trabalhadores do Cristo que aqui virão em missão renovadora, fazendo renascer o Cristianismo em toda a sua pureza, dentro das luzes da Doutrina Espírita. O Evangelho compreendido, sentido e vivido norteará todas as ações humanas, reconduzindo a humanidade nos caminhos da perfeição.

A Casa Espírita se revela, pois, escola de grande potencial, capaz de atender às necessidades espirituais de quantos por aqui passarem.

O ambiente evangelizador, o exemplo, o conhecimento superior, as atividades adequadamente oferecidas, a arte pelos canais superiores, são oportunidades valiosas de desenvolvimento das potencialidades do Espírito, bem como preparação para os grandes tarefeiros que aqui virão, sob a égide do Cristo, na direção dos trabalhos de reestruturação e transformação da humanidade, conforme nos revela Eurípedes Barsanulfo.

A escola pública, infelizmente, ainda está longe da realidade Espiritual da vida, mas o Centro Espírita se destacará, abrindo os primeiros caminhos para a nova educação que se desponta neste terceiro milênio. Cada sociedade espírita, seja um humilde Centro de quatro paredes ou ampla instituição, se destaca como um ponto de luz, com estrutura espiritual para se tornar uma verdadeira escola do Espírito.

Sugerimos aos leitores e amigos o estudo das obras de André Luiz, a partir de *Nosso Lar*, onde podemos sentir o imenso esforço do Mundo Espiritual na Educação do Espírito, conduzindo os Espíritos ao esforço próprio para trabalharem pela própria elevação, desenvolvendo as potências interiores. Todo o trabalho espiritual, nas esferas reveladas por André Luiz, é voltado à Educação do Espírito, educação que se transforma em auto-educação, onde o estudo, o trabalho, o esforço próprio no reajuste e na iluminação interior são indispensáveis.

A Doutrina Espírita, como autêntica Escola do Espírito representa o esforço maior das Esferas Superiores em plasmar no planeta a verdadeira educação, em seu sentido profundo de desenvolvimento das potências do Espírito através do esforço próprio, que ocorre de forma ininterrupta nos dois Mundos, Físico e Espiritual. Escola fantástica que oferece a tão sonhada educação integral, em qualquer fase ou idade, seja à criança, ao jovem, ao adulto ou ao Espírito desencarnado.

Aos que ainda trazem dúvidas quanto ao assunto, sugerimos a leitura da obra **Doutrina-Escola**, de diversos autores, psicografado por Francisco Cândido Xavier, da qual destacamos as palavras de Emmanuel, em seu cap. 13:

"Eis porque um templo espírita não se resume à função do hospital para as criaturas enfermiças e torturadas, mas é, sobretudo, uma **escola** aberta aos interesses supremos do ser e do destino, em que todas as atividades, quando corretamente dirigidas, são aprendizados de caráter sublime, desde a simples manifestação dos desencarnados em desajuste até a preleção dos grandes mensageiros da Esfera Superior."(grifo nosso)

Precisamos levar avante a tarefa educadora por excelência, evangelizando a criança, o jovem, o adulto e o Espírito desencarnado que nos chega ao coração das mais variadas formas.

Educador espírita, evangelizador, atendamos ao apelo de Jesus e avancemos resolutos na imensa tarefa que nos cabe. Habilitemo-nos, não só pedagogicamente, mas evangelizando a nós mesmos, preparando nosso coração para o amor em sua mais elevada expressão.

Somos trabalhadores de Jesus e ele conta conosco na imensa tarefa da construção do reino de Deus na Terra, que se iniciará no coração de cada um, através da educação em seu mais profundo significado, a Educação do Espírito.

BIBLIOGRAFIA:

OBRAS ESPÍRITAS:

O LIVRO DOS ESPÍRITOS – Allan Kardec – IDE
O EVANGELHO SEG.O ESPIRITISMO – Allan Kardec – IDE
A GÊNESE – Allan Kardec – IDE
OBRAS PÓSTUMAS – Allan Kardec – IDE
REVISTA ESPÍRITA – Diversas - Allan Kardec – IDE
NO MUNDO MAIOR – André Luiz – F.C.Xavier – FEB
MISSIONÁRIOS DA LUZ – André Luiz – F.C.Xavier – FEB
NOSSO LAR – André Luiz – F.C.Xavier – FEB
EVOLUÇÃO EM DOIS MUNDOS – André Luiz – F.C.Xavier e W. Vieira, – FEB
O PROBLEMA DO SER, DO DESTINO E DA DOR – Léon Denis – FEB
A CAMINHO DA LUZ – Emmanuel – F.C.Xavier – FEB
PENSAMENTO E VIDA – Emmanuel – F.C.Xavier – FEB
A EVOLUÇÃO ANÍMICA – Gabriel Delanne – FEB
EURÍPEDES – O HOMEM E A MISSÃO – Corina Novelino – IDE
MEMÓRIAS DE UM SUICIDA – Camilo C.Botelho –Yvonne A.Pereira – FEB
JESUS E ATUALIDADE – Joanna de Ângelis – Divaldo P.Franco – Pensamento
DOUTRINA-ESCOLA – Autores diversos – F.C.Xavier – IDE

ROUSSEAU E PESTALOZZI:

EMÍLIO OU DA EDUCAÇÃO – J.J.Rousseau
LEONARDO E GERTRUDES – J.H.Pestalozzi
COMO GERTRUDE ENSEÑA SUS HIJOS – J.H.Pestalozzi
MINHAS INVESTIGAÇÕES SOBRE A MARCHA DA NATUREZA NO DESENVOLVIMENTO DO GÊNERO HUMANO – J.H.Pestalozzi
EL CANTO DEL CISNE – J.H.Pestalozzi
LETTRE DE STANS DE PESTALOZZI

JEAN PIAGET:

PSICOLOGIA DA INTELIGÊNCIA
O JULGAMENTO MORAL DA CRIANÇA
O NASCIMENTO DA INTELIGÊNCIA NA CRIANÇA
A CONSTRUÇÃO DO REAL NA CRIANÇA
PROBLEMAS DE PSICOLOGIA GENÉTICA
APRENDIZAGEM E CONHECIMENTO
PARA ONDE VAI A EDUCAÇÃO
EPISTEMOLOGIA GENÉTICA

OUTROS AUTORES:

PESTALOZZI E A EDUCAÇÃO CONTEMPORÂNEA – L.Lopes
A FORMAÇÃO SOCIAL DA MENTE – L.S.Vygotsky
VYGOTSKY APRENDIZADO E DESENV. – Marta Kohl de Oliveira
PIAGET, VYGOTSKY, WALLON – Yves de La Taille e outros
HENRI WALLON – Izabel Galvão
A CONSTRUÇÃO DO HOMEM SEG. PIAGET – Lauro de Oliveira Lima
FREINET EVOLUÇÃO HISTÓRICA – Rosa Maria W.F.Sampaio
O MÉTODO DECROLY – Amélie Hamaide
A NATUREZA ANÍMICA DA CRIANÇA – Caroline V. Heidebrand
A PEDAGOGIA WALDORF – Rudolf Lanz
A ARTE DA EDUCACÃO – Vol. I e II – Rudolf Steiner
HISTÓRIA DA PEDAGOGIA – René Hubert
HISTÓRIA DA EDUCAÇÃO – Paul Monroe
INTRODUÇÃO AO ESTUDO DA ESCOLA NOVA – Lourenço Filho
A PEDAGOGIA E AS GRANDES CORRENTES FILOSÓFICAS – Bogdan Suchodolski
A ORIGEM DAS ESPÉCIES – Charles Darwin
KANT – Coleção Os Pensadores – Nova Cultural
ENCICLOPÉDIA ABRIL
ENCYCLOPÉDIE FRANÇAISE

ANOTAÇÕES

ANOTAÇÕES

Composto e Impresso pelo INSTITUTO DE DIFUSÃO ESPÍRITA
Av. Otto Barreto, 1067 - 13600-000 - Araras - Estado de São Paulo
C.G.C. 44.220.101/0001-43 – Insc. Estadual 182.010.405.118